나는 너를 용서하였다

AFTER YOU'VE BLOWN IT
by Erwin W. Lutzer

Originally published in English under the title:
After You've Blown It
Copyright ⓒ2004 by by Erwin Lutzer
Published by Multnomah Publishers, Inc.
601 N. Larch Street, Sisters, Oregon 97759 USA
All rights reserved.

All non-English rights are contracted through:
Gospel Literature International,
PO Box 4060, Ontario CA 91761-1003, USA

Korean translation copyright ⓒ 2004 by Timothy Publishing House
Kwan-Ak P.O.Box 16, Seoul, Korea

이 책의 한국어판 저작권은 Multnomah Publishers Inc.와의 독점판권 계약에 의해
도서출판 디모데에 있습니다. 저작권법에 의하여 한국 내에서 보호를 받는 저작물이므로
무단 전재와 무단 복제를 금합니다.

하나님과 다른 사람과의 관계를 회복하는 길

나는 너를 용서하였다

어윈 루처 지음　**박혜경** 옮김

도서 출판 **디모데**

모든 성자에게도 과거가 있으며,
모든 죄인에게도 미래가 있다는 메시지를
들을 필요가 있는 형제자매들에게 소망을 담아
이 책을 드립니다.

"율법이 가입한 것은 범죄를 더하게 하려 함이라
그러나 죄가 더한 곳에 은혜가 더욱 넘쳤나니."
로마서 5:20

차례

머리말 **용서받을 자격 있는 자 누구인가?** 9

제1장 **기다리시는 아버지** 17

제2장 **씻을 수 없는 죄책감** 33

제3장 **하나님이 용서하신 죄** 51

제4장 **앗, 또다시!** 73

제5장 **나로 인해 상처받은 사람들과 화해하기** 89

제6장 **용서받지 못할 때** 103

주 112

머리말

용서받을 자격 있는 자 누구인가?

"밥 그린(Bob Greene)은 과연 용서받을 자격이 있는가?"

〈USA 투데이〉의 한 기사에서 이런 질문을 던졌다. "아니면 〈시카고 트리뷴〉 지의 이 저명한 전직 칼럼니스트 밥 그린은 가슴에 주홍글씨를 새긴 채 남은 생을 공원 벤치에 앉아서 보내야 한단 말인가?"1

밥 그린은 부모에게서 버려지고 학대당한 아이들에 관한

폭로 기사를 통해 부모들과 정부 관리들에게 경고장을 날린 것으로 명성이 자자한 기자였다. 그는 베스트셀러 작가이기도 했으며, 30년 동안이나 자신의 입장을 항변할 수 없는 약자 편에서 일한 경력의 소유자였다. 적어도 겉으로 드러난 모든 것을 보면 그린은 아내와 자녀들에게 깊이 헌신한 가정적인 남자였다.

그런데 익명의 한 이메일로 인해 그가 성추행을 했다는 충격적인 사실이 세상을 발칵 뒤집어놓았다. 그린은 자신의 잘못을 시인했고 곧 이어 〈시카고 트리뷴〉지로부터 해고를 당했다. 그로부터 4개월 후에 그의 아내는 호흡기 질환으로 세상을 떠났다.

어떤 이들은 밥 그린은 용서받을 자격이 있다고 주장하고, 또 어떤 이들은 그럴 만한 자격이 없다고 말한다.

한 동료 기자는 이렇게 말했다. "그린은 이제 목소리를 잃어버렸습니다. 그 사람처럼 폐쇄된 공간에 갇힌 사람을 이제까지 본 적이 없습니다." 그는 사람들이 기꺼이 다른 사람을 짓밟은 후에 죽어가도록 내버려둘 수 있다는 사실을 지켜보며 충격을 받았다고 했다. 죄지은 사람도 여전히 사람인데 말이다.

그린 자신의 반응은 어땠을까? "나는 일에 있어서는 최고

였지만 내 삶에 있어서는 그렇지 못했습니다." 그가 계속 말을 이었다. "내 자신이 마치 길 가에 버려진 시체같았습니다. 사람들은 계속해서 몰려와 발로 찼지만 나는 이미 죽어 있는 상태였지요."

그는 현재 은둔의 삶을 살고 있고 거의 바깥 출입을 하지 않고 있다. 그가 다시 복귀해서 기자 생활을 계속 할 계획을 가지고 있는지는 몰라도 아직은 들은 바가 없다.

밥 그린이 용서받을 자격이 있다고 생각하는가?

만약 오늘 내가 밥 그린과 이야기를 할 수 있다면 나는 이렇게 말할 것이다. "물론, 당신은 용서받을 자격이 있습니다." 하지만 나는 그가 두 가지 문제를 해결해야 한다는 지적도 함께 할 것이다. 한 가지는 하나님과의 교제이고 다른 한 가지는 다른 사람들, 특별히 그로 인해 상처를 받은 사람들과의 관계다. 기자로서의 그의 미래는 이미 끝났는지도 모르지만, 하나님의 눈으로 바라볼 때 여전히 그에게 미래는 있다.

그러면 이런 경우는 어떨까? 어떤 남편이 아내의 반대에도 불구하고 전재산을 털어서 위험한 사업에 투자를 했다가 실패하고 온 가족을 거리에 나앉게 했다면 말이다. 아내는 돈을 안전한 곳에 저축해야 한다며 남편을 말렸지만 그 남편에게는 너무나 귀가 솔깃한 기회였다. 이제 그 아내는 남편의 어리석음으로 인해 한평생 땀 흘려 모은 전재산을 한순간에 날려버렸다는 사실을 끝내 용서하지 못할 것이고, 따라서 남편은 여생을 아내의 비난과 스스로의 회한에 뒤덮여 보내게 될 것이다.

그러나 이런 남편이라도 용서받을 자격이 있다.

또 이런 경우는 어떨까? 한 젊은 미혼 여성이 낙태를 했다. 그녀는 아이를 낳아 키우고 싶었지만 부모는 끝내 유산할 것을 종용했다. 그 지역에서는 존경받는 교인이었던 그녀의 부모에게 있어서 딸의 임신 사실은 가문의 수치였던 것이다. 어쩔 수 없이 그 여성은 자신의 깊은 갈망을 한편으로 밀어놓은 채 잘못인 줄 알면서도 두려워 울면서 낙태를 할 수밖에 없었다. 설령 하나님은 자신을 용서하신다고 해도 부모님은 결코 용서하시지 않으리라고 생각했다. 이제 그녀는 자신이 '망가진 제품'이라고 느끼며 훌륭한 청년의 배필이 될 가치가 없는 몸이며, 심지어는 주님을 섬기기에도 부적합한 사람이라고 여기게 되었다.

그러나 이런 여성이라도 용서받을 자격이 있다.

또 이런 경우는 어떨까? 한 남자는 내게 전화를 걸어와 자신이 인터넷의 도박 사이트에 중독된 나머지 무려 수천만 원대의 신용 카드 빚을 지게 되었다는 고백을 했다. 그러다가 자신이 잘 숨겨왔던 이 비밀을 아내가 얼마 전에 알아버렸다고 했다. 설상가상으로 그 사람은 유명한 기독교 대학의 교수였으며, 만일 이런 사실이 세상에 알려지게 된다면 당장 해직당할지도 모른다는 두려움에 떨고 있었다.

그 남자가 저지른 엄청난 잘못에도 불구하고 그 남자 역시 하나님 안에서는 새로운 미래가 있다.

사실 엄격하게 따지자면 우리 중에 어느 누구도 용서받을 만한 자격이 있는 사람은 없다. 하나님은 우리에게 아무것도 빚지지 않으셨으나 그럼에도 불구하고 우리에게 가당찮은 구원을 허락하셨다. 지옥에 떨어지기에 마땅한 우리를 하나님은 구속해주셨다. 구원받을 가치가 있든 없든, 우리가 하나님께로 가면 용서함을 받고 하나님은 여전히 우리를 위한 계획을 갖고 계시다는 확신 또한 가질 수 있다.

우리 스스로는 무너질 수밖에 없는 존재다. "모든 사람이 죄를 범하였으매 하나님의 영광에 이르지 못하더니"(롬 3:23).

나는 돌아서면 후회할 말을 곧잘 내뱉곤 했다. 차라리 입을 테이프로 붙이는 편이 좋았을 텐데라고 개탄을 하곤 하지만, 한 번 내뱉은 말은 주워담을 수가 없는 법이다. 그로 인해 나는 내 주위의 사람들에게 셀 수 없이 실망을 안겨주었고, 종종 사랑하는 이들에게 용서를 구해야만 했다.

우리가 삶 속에서 저지른 실수가 엄청난 것이든 사소한 것이든 간에 우리는 때때로 과거로 돌아가 한 번만 더 같은 순간이 주어진다면 이번에는 똑바로 잘 할 수 있을 것이라고 간절히 소망해보기도 한다. 한 십대가 이렇게 기도했다고 한다. "하나님, 이 사고가 제발 일어나지 않았기를 간절히 기도 드려요." 하지만 과거는 결코 돌이킬 수 없는 무정한 사실인 것이다. 우리가 바꿀 수 있는 것은 이미 일어난 일에 대한 우리의 반응뿐이다. 다시 말하면 하나님으로부터 받을 수 있는 용서와 우리로 인해 상처받은 사람들과의 화해의 노력인 것이다. 실수를 통해서도 우리는 교훈을 얻을 수 있고, 보다 나은 내일을 위한 희망을 가질 수 있기 때문이다.

이 책은 과거에 잘못된 선택을 하고 나서 두고두고 괴로워하는 사람들을 위한 것이다. 우리가 저지른 실수보다 더 크신 하나님을 기억할 필요가 있는 모든 사람들을 위한 것이다.

그래서 이 책은 소망을 담은 책이다.

인생이라는 여정 속에서 엉뚱한 길로 빠진 적이 있는 우리 모두를 위한 책이다.

제 **1** 장

기다리시는 아버지

우리 모두에게는 인생이라는 여정에서 최소한 한 번씩은 잘못된 길을 선택한 경험이 있을 것이다. 성경에는 엄청나게 잘못된 선택을 연속해서 내린 한 젊은 청년의 이야기가 나온다. 자기 스스로도 인정했듯이 그 청년은 용서받을 자격이 없었다. 그러나 잘못된 선택의 와중에서도 그가 잘한 일이 한 가지 있었다. 이 성경의 비유가 우리에게 가르쳐주는 것은 우리가 살아 있는 한,

최소한 마지막 올바른 선택 한 가지는 내릴 수 있다는 것이다. 현명한 선택이자 바른 선택 말이다.

우리 모두는 다음의 탕자 비유를 잘 알고 있다. 한 아버지에게 두 아들이 있었는데 둘째 아들은 아버지의 농장에서 일하는 것이 지겨워지자 아버지에게 자신의 유산을 미리 나누어줄 것을 요구한다. "아버지여 재산 중에서 내게 돌아올 분깃을 내게 주소서"(눅 15:12). 그러자 그 아버지는 재산을 나누어 두 아들에게 준다. 둘째 아들은 재산을 받자마자 그 힘을 믿고는 '먼 나라'로 떠난다. 그곳에 도착한 그는 아버지의 유산을 허랑방탕한 삶을 사는 데 허비한다.

좋은 집에서 양육을 받았음에도 불구하고 그는 뻔뻔하며 무례하기 짝이 없는 청년이었다. 살아계신 아버지에게 유산 상속을 요구하는 것은 다음과 같이 말하는 것과 같다. "아버지께서 돌아가실 때까지 기다릴 수가 없으니 지금 당장 제 몫의 유산을 주세요!" 이 말에 아버지는 아무런 대꾸를 하지 않는다. 아들이 선택하려는 인생길에 어떠한 위험이 있는지에 대해 설교의 말 한 마디 없이 그저 욕망을 따라가려는 아들을 보내준다. 비록 그가 선택한 길의 끝에 파멸이 기다리고 있다고 해도 아들이 내린 결정을 존중한 것이다. 아버지는 아들이 멀고도 험난한 여정을 떠나는 것을 지켜보면서 마음의 고통을 감춘다.

아들은 먼 나라에 도착하자마자 돈을 쓰기 위해 유산을 현금으로 바꾼다. 자기 앞에 놓인 흥겨운 인생이 영원히 지속되리라 믿었던 것이다.

길고 힘든 여정

그 청년의 배반은 미리 계획된 것이었다.

먼저, 그는 '먼 나라'로 갈 결심을 했다. 먼 나라로 간다면 아버지가 쫓아올 염려도, 언제나 자신을 비판하는 형이 찾아올 염려도 없었기 때문이었다. 그는 설사 잘못된 길로 빠진다 해도 잔소리를 듣지 않기 위해 아는 사람이 아무도 없는 곳을 선택했다. 아무런 속박이 없는 독립적인 인생을 선택하기로 한 것이다.

둘째, 그는 아버지가 결코 동의하지 않을 쾌락을 추구함으로써 아버지가 중요하게 여기는 것들에 콧방귀를 뀌었다. 우리는 그 청년이 먼 나라에 가서 어떻게 살았는지를 묘사하는 성경 구절에 익숙하다. "허랑 방탕하여 그 재산을 허비하더니"(13절).

'먼 나라'에서 우리는 우리의 마음을 허비하고 우리의 기회를 허비하고 우리의 재산을 허비한다. 우리 부부가 마약을 남용해서 목숨을 잃은 한 고등학생의 장례식에 참석했을 때 나는 속으로 이렇게 생각했다. 삶을 이렇게 허비하다니. 언젠가 사랑하지도 않는 남자와 즐기다가 미혼모가 된 한 여학생을 상담한 적이 있었다. 그녀는 결국 고등학교를 중퇴할 수밖에 없는 처지가 되었다. 그때도 똑같은 생각을 했다. 삶을 이렇게 허비하다니.

예수님의 비유에 나오는 그 청년의 이야기로 돌아가보자. 그가 있던 곳에 기근이 닥치자 그 청년의 상황은 급격히 악화되었다. 그 나라가 이미 기근에 처해 있었지만 그가 알아차리지 못했을 수도 있다. 가지고 있던 돈을 모두 탕진하자 그는 상황이 나빠졌다는 것을 갑자기 깨닫게 되었고 고통을 당하게 되었던 것이다.

마지막으로, 그 청년은 자신의 종교를 비웃었다. 왜냐하면 하필 그는 그 나라의 돼지를 치는 일자리를 잡았던 것이다. 혹자는 도둑질을 하거나 자기 아버지에게 돈을 더 달라고 떼를 쓰는 대신에 차라리 이 희한한 일을 하기로 한 둘째 아들을 칭찬할 수도 있다. 그러나 유대인에게 있어서 돼지라는 동물은 혐오의 대상이었다. 돼지는 단지 보기에 지저분하다는 이유뿐만이 아니라 예배 의식에서도 부정한 동물로 여겨지고 있었다. 그럼에도 불구하고 그는 자신의 종교에서 기피하는 동물을 치는 직업을 기꺼이 선택했다. 단지 자신의 배를 채우기 위해서라는 명분으로 말이다.

굶주림에서 벗어나기 위해 그는 자신의 믿음과 존엄성을 저버렸으며, 결국 돼지우리 속에서 마지막 남은 자존심까지 잃어버리게 되었다. "저가 돼지 먹는 쥐엄 열매로 배를 채우고자 하되 주는 자가 없는지라"(16절). 이제 그는 좋은 시절의 친구들을 더 이상 믿을 수 없음을 깨닫는다. 무일푼인 그에게 도움을 주는 사람은 아무도 없었다. 극도의 곤핍 속에서 그는 결단의 시간을 맞이했다.

먼 나라에 거할 것인가?

인생이 무너져내리는 경험을 하는 사람들 앞에는 결단의 순간이 온다. 뒤돌아 갈 것인가, 아니면 가던 길을 계속 갈 것인가의 결단을 내려야 하는 순간 말이다. 그는 마음의 빗장을 더욱 굳게 닫고 이렇게 결심할 수도 있었다. 집으로 돌아가서 아버지와 그 잘난 체하는 형을 마주 대하느니 차라리 여기서 굶어 죽는 편이 낫겠어.

집으로 돌아간다는 생각만으로도 죄책감과 수치심이 온몸을 감싼다. 감히 어떻게 아버지의 눈을 똑바로 쳐다볼 수 있단 말인가? 어떻게 무일푼으로 되돌아가서 종일토록 일만 하면서 나쁜 짓이라고는 조금도 하지 않는 모범생으로 소문난 형의 비웃음을 견딜 수 있다는 말인가? 고향 사람들은 분명히 아버지의 두 아들, 다시 말해 집에 남아 아버지의 농장을 지킨 착한 아들과 늙은 아비의 돈을 빼앗다시피 하고 떠난 못된 아들에 대해 수군거리고 있을 것이 분명한데 말이다.

그는 아버지 집의 숨막히는 규율과 경직된 분위기를 받아들일 수 없었고, 늘 마음속에는 자유로운 삶에 대한 동경이 가득했었다. 돌아간다 해도 다시 그 같은 삶에 적응할 자신도 그에게는 없었다.

살아서든 죽어서든, 그에게는 아버지의 집으로 돌아가지 않을 이유가 많이 있었다.

잘못을 깨닫고

그러나 수없이 잘못된 길을 택했던 그 불한당같던 둘째

아들에게도 무언가 옳은 결정을 내릴 수 있는 능력이 있었다. 늘 하던 대로 잘못된 선택을 하고 끔찍한 결과를 거두는 대신에 그는 '스스로 돌이켰다'(17 상반절).

이 구절은 엄청나게 중요한 구절이다. 어쩌면 우리는 그가 아버지를 끔찍하게도 사랑해서 더 이상 아버지로부터 떨어져 지내는 것을 견디지 못해 돌아가기로 작정했다라는 구절을 읽기 원할지도 모른다. 그러나 그 아들의 귀가 동기는 그렇게 근사하지 않았다. 그는 배가 고팠던 것이다. 그의 마음이 아닌 그의 위가 집으로 돌아가는 편이 좋을지도 모른다고 속삭였다. "내 아버지에게는 양식이 풍족한 품군이 얼마나 많은고 나는 여기서 주려 죽는구나"(17 하반절).

그러나 만일 그 아들이 아버지가 은혜를 베풀어서 자신을 용서하리라고 믿지 않았다면, 만일 자기 아버지는 무서운 스크루지 같은 영감이라서 한 번 자신에게 잘못한 자는 결코 용서하지 않을 사람이라고 생각했더라면, 아마 그 아들은 죽더라도 그 먼 나라에 머물기로 했을 것이다.

아버지의 사랑은 다음의 두 가지를 가능케 했다. 아들을 돌이키게도 했으며 동시에 스스로 불효를 깨닫게도 했던 것이다. 만일 돌아간다면 그 아들은 자신의 잘못을 깨달음과 동시에 받을 자격이 없는 사랑 앞에서 부끄러움을 느끼게 될 것이었다. 때로는 무거운 방망이로 내려치는 엄중한 율법보다도 더 받아들이기가 어려운 것이 은혜다.

아들은 아버지 앞에서 할 말을 준비했다. "아버지여 내가 하늘과 아버지께 죄를 얻었사오니 지금부터는 아버지의 아들이라 일컬음을 감당치 못하겠나이다 나를 품군의 하나로 보소서"(18-19절).

어떻게 이 아들을 사랑하지 않을 수 있을까. 그는 유산도 자존심도 날려버렸다. 물론, 아버지와 가문의 명예에 먹칠도 했다. 그러나 그는 이렇게 말하면서 자기 합리화를 하지 않았다. "제게 거짓말을 하고 제 돈을 날려버린 친구들만 아니었더라면…" 혹은 "모든 게 다 불경기 탓이었지요. 실업률은 치솟았고 그 때문에 저는 모든 것을 잃고 말았답니다."

그 아들은 잘못된 선택을 했고 이를 시인했다.

그는 자기 아버지의 집에서 종살이를 하는 것이 먼 나라에서 자유를 만끽하는 것보다 옳은 선택임을 깨달았던 것이다. 그리고 집으로 돌아오며 한 발자국을 옮길 때마다 자신이 할 말을 되뇌이고 있었다.

기다리시는 아버지

한편, 고향의 아버지는 모든 일에 흥미를 잃어버렸다. 종종 아버지는 일하다 말고는 혹시라도 아들의 그림자라도 보이지 않을까 싶어 길을 물끄러미 바라보곤 했다. 아내와 나는 자녀들이 반항하며 먼 곳으로 떠나버린 부모들을 상담한 적이 있다. 그 부모들은 떠나간 자식을 생각하며 잠자리에 들고 잠에서 깨어나며, 다시금 자식 생각을 한다고 했다. 부모는 자식이 불행한 만큼 불행한 법이다.

비록 아들은 아버지의 집을 떠났지만 단 한 번도 아버지의 가슴에서 떠난 적이 없었다. 성경은 이렇게 적고 있다. "아직도 상거가 먼데 아버지가 저를 보고 측은히 여겨 달려가 목을 안고 입을 맞추니"(20절). 희랍어 원전에 보면 '상거가 멀다'는 말은 '먼 나라'와 같은 말임을 알 수 있다. 다시 말해서 아버지의 눈은 온 나라를 헤매며 자기 아들이 돌아오는 흔적을 애타게 기다리고 있었다는 말이다.

아들이 저만치 멀리서 걸어오는 모습을 발견하자 한달음에 달려간 아버지는 아들을 끌어안았다. 아들은 준비했던 연설을 시작했지만 아버지의 입맞춤으로 인해 끝까지 마치지도 못한다. "아버지여 내가 하늘과 아버지께 죄를 얻었사오니…" 그러나 아들을 품 안에 다시 안게 된 기쁨에 아버지는 아들의 고백 따위에는 관심이 없다.

아버지가 소리를 쳤다. "제일 좋은 옷을 내어다가 입히고 손에 가락지를 끼우고 발에 신을 신기라 그리고 살진 송아지를 끌어다가 잡으라 우리가 먹고 즐기자 이 내 아들은 죽었다가 다시 살아났으며 내가 잃었다가 다시 얻었노라"(22-24절).

잔치는 끝날 줄 모르고 계속된다.

불순종한 아들들과 딸들을 향한 복음

우리가 잘못된 선택을 했다면 어떻게 해야 할까? 맨 먼저 할 일은 재빨리 돌아서서 우리를 기다리시는 하나님 아버지의 품으로 돌아가는 것이다. 먼 나라에서 지체하면 할수록 우리는 아버지의 마음을 더욱 아프게 하기 때문이다. 우리가 곁에 없으면 우리 아버지는 깊이 상심하신다. 왜냐하면 그분은 우리를 깊이 사랑하시기 때문이다. 하나님 아버지는 당신의 아들과 딸들을 사랑하신다. 그렇기 때문에 우리가 내릴 수 있는 가장 최선의 결정은 우리 집인 아버지의 품으로 제일 빨리 돌아갈 수 있는 길을 택하는 것이다.

엉망으로 삶을 산 사람들, 성적인 범죄를 지은 사람들, 인생을 이기적으로 낭비한 사람들, 변할 것을 약속한 후에 지키지 않는 사람들, 이런 우리 모두가 가장 먼저 해야 할 일은 아버지께로 달려가는 것이다.

우리가 망설이는 이유는 모두 우리 안에서 찾아볼 수 있다. 스스로 부끄러운 나머지 망설이는 것이다. 또한 아버지의 진노하심이 두려워서 우리가 '자수하면' 하나님이 어떻게 하실까 두려워하는 것이다. 혹은 하나님 아버지와 또 남을 정죄하기 좋아하는 그리스도인들에게 화가 나 있기도 한 것이다. 우리는 스스로에게 하나님나라의 법도에 순종할 자신이 생길 때 돌아가리라고 다짐하기도 한다. 또한 때로는 이기적인 동기에서 돌아가고 싶기도 한다. 설령 그렇다고 해도 아버지는 성내지 않으시고 우리가 돌아왔다는 사실에 기뻐하기만 하신다.

그리고 첫째 아들이 있었다.

탕자 이야기 속의 주인공은 아버지와 화해하는 것과는 별도로 형의 존재를 곧 깨닫게 된다. 종일토록 일을 하고 집으로 돌아온 큰아들은 잔치가 벌어지고 있는 것을 알게 된다. 우리는 그가 괭이를 던지고 파티 모자를 집어 쓰고는 이렇게 외치리라고 기대할지도 모른다. "하나님, 감사합니다. 제 동생이 돌아오다니요!" 그러나 큰아들은 화가 잔뜩 나서는 집 안으로 들어오려고조차 하지 않는다. 아버지의 일을 맡아서 하는 데는 열심이었으나 다른 사람을 구하는 것에는 관심이 없었던 것이다. 그 사람이 설사 자기 친동생이라고 하더라도 말이다.

이와 같이 아버지께로 돌아올 때에 우리는 하나님과의 관계도 우리가 한 수고에 의해 좌지우지된다고 믿는 큰아들과 같은 사람들과 맞닥뜨려야 할 수도 있다.

"감옥에도 갔다 온 저런 자를 어떻게 하나님이 사용하실 수 있단 말인가!"

"저 여자는 이혼했기 때문에 하나님이 축복하실 수가 없지!"

"저 사람은 진실하다는 생각이 안 들어. 어떻게 저런 사람이 구원받을 수 있을까?"

우리 아이들이 태어났을 때 나와 아내는 다음과 같이 말하지 않았다. "이 아이가 자라서 좋은 교육을 받고 좋은 직업을 가지게 되어서 우리를 자랑스러운 부모로 만들어준다면 이 아이를 사랑할 거야." 절대 그렇지 않다. 우리가 자녀들을 사랑하는 유일한 이유는 그들이 우리 자녀이기 때문이다. 이와 마찬가지로 하나님도 우리의 업적에 상관없이 우리를 사랑하신다. 은혜는 언제나 내리사랑이다. 우리가 하나님께로 갈 때는 언제나 빈손으로 가는 것이다. 모든 것은 하나님이 공급해주신다.

둘째 아들이 불경스럽게도 유산을 먼저 요구하고 먼 나라에서 이를 탕진하고 말았음에도 불구하고 어째서 아버지는 그 아들만을 그렇게 기다렸을까? 나는 그 질문에 대한 답의 하나로 아버지가 마침내 자신의 보물 상자에 들어 있던 특별한 옷을 입고 반지를 낄 사람을 되찾았기 때문이라고 생각한다. 현관의 신발장에서 주인을 기다리고 있던 신발의 주인공을 찾았기 때문인 것이다.

첫째 아들은 사실상 이러한 축복을 거절한 것이나 다름이 없었다. 왜냐하면 그는 자신을 아들이 아닌 종으로 보았기 때문이었다. 아버지의 농장에서 일하는 것은 단조로운 일상의 연속이었고 아무런 기쁨을 주지 못했다. 그는 아버지를 위해 일하는 것에 너무나 익숙해진 나머지 아버지의 사랑의 소중함도, 섬김의 기쁨도 잃어버렸던 것이다. 그의 눈에 비친 아버지는 너그럽기보다는 엄격했기에 그는 아버지가 자신을 위해 예비해둔 축복을 누리는 것을 거절하였다.

첫째 아들은 사랑에서가 아니라 생계, 먹을 것, 거할 곳 등 자신이 받을 수 있는 것들을 위해 아버지를 섬겼다. 솔직히 말해서 어쩌면 그는 집을 떠날 용기가 없어서 계속해서 아버지 곁에 머물렀는지도 모른다. 창기와 더불어 재산을 탕진했다고 동생을 비난하는 대목에 가서(30절) 우리는 그가 만일 자기 몫의 유산을 가지고 집을 떠났더라면 어떻게 했으리라는 힌트를 얻을 수 있다.

은혜를 은혜로 받는 것은 쉬운 일이 아니다. 죄를 지은 것을 아는 자들은 옷에 묻은 돼지의 악취를 기억하고 있다. 자신이 한 짓뿐만 아니라 자기 자신을 미워하는 것이다. 자신이 환영받기에는 너무도 악한 죄인이라는 것을 잘 알고 있다.

그러나 '첫째 아들'에게는 은혜가 필요 없다. 다른 사람과 비교해볼 때 자기가 잘 하고 있음과 남들에게서 인정받고 있음을 안다. 그래서 아버지의 은혜로운 포옹을 거절하고는 매일 농장의 고역을 감내하는 것이다. 남들 보기에 그럴싸해 보이는 한 모든 것이 괜찮은 것이다.

그러나 그런 첫째 아들에게 아버지는 부드러운 음성으로 권면한다. 이 구절에서 '애'에 사용되는 희랍어 '테크논(teknon)'은 아이를 부드럽게 부르는 말이다. "너는 항상 나와 함께 있으니." 하나님은 언제나 자기 자녀를 사랑하신다. 그들이 용서받은 형제와 자매들을 받아들이려 하지 않을 때조차도 말이다. 하나님은 사랑하기 어려운 자, 즉 탕자에게로 가는 축복에 분개하는 자기 의에 충천하고 정죄하기를 좋아하는 자들까지도 사랑하신다. 이런 첫째 아들들에게 아버지가 권면하신다. "잔치에 참예하거라! 내일은 우리가 일하겠지만 오늘 밤만은 즐기자꾸나!"

많은 탕자들이 아버지께로 돌아오려 하지 않는 까닭은 정죄와 판단에 급하고 상처받은 자에게 다시 총구를 겨냥하는 첫째 아들들을 대면할 용기가 없기 때문이다. 그러나 이런 사람들의 태도 때문에 아버지의 부드러운 품 안으로 돌아가는 것을 망설일 수는 없다. 망가진 삶을 경험한 모든 이들에게 나는 말한다. "아버지의 품으로 돌아오라. 첫째 아들들의 비난으로 인해 당신의 발걸음을 멈추지 말라!"

하나님은 온 마음을 다해 먼 나라에 있는 자들이 돌아오기를 기다리신다. 당신의 주의를 환기시키기 위해 가뭄까지도 주저 없이 사용하신다. 중독, 깨어진 관계, 재정적인 압박, 고통받는 양심. 이 모든 것은 당신을 기다리시는 아버지가 보내는 경종들이다. 때때로 우리의 삶이 엉망진창이 되는 것은 하나님의 메시지인 것이다. 우리가 속한 곳, 우리의 집으로 돌아오라고 부르시는 아버지의 음성인 것이다.

그렇다. 돌아오는 자들은 아버지의 방법에 순응하며 순종하는 것을 배워야만 한다. 그러나 오늘 밤만은 아버지가 외치신다. "내게로 돌아오너라! 우리가 잔치를 하며 너를 위해 내가 준비한 연회에 참예하거라. 내일 일은 내일 우리가 다시 말하리라."

죄의 악취를 옷에 묻힌 자들에게 아버지가 말씀하신다. "내가 너를 위해 깨끗한 옷을 준비하였노라." 은혜를 이해하지 못한 채 불만이 가득한 자들에게 말씀하신다. "와서 잔치에 참예하거라."

우리 모두에게 아버지가 말씀하신다. "내 품은 너희를 향해 활짝 열려 있다."

당신의 삶이 얼마나 처절하게 망가졌는지 상관없이 아버지가 기다리고 계신다.

제 *2* 장

씻을 수 없는 죄책감

"사나이 대 사나이로 말해주시오. 해결책이 있는 거요, 없는 거요? 만일 있다면 그게 무언지 알고 싶소. 만일 없다면 지금 당장 내 머리를 이 총으로 날려버리겠소."

이렇게 말한 남자는 양성애자로 아내에게 에이즈를 감염시켰다는 사실을 막 알게 되었던 터였다. 그의 아내는 남편의 동성애 행각을 비롯해 그의 기만과 거짓말을 용서할 생각이 없었던 차에 덜컥 그만 에이즈까지 감염된 것이었다.

라이언(Ryan)은 내게 자신이 정기적으로 교회에 출석했으며 자신의 죄를 습관적으로 자백했었지만 용서받았다는 확신을 가지지 못했다고 말했다. 절망에 빠진 상태였으나 라이언은 하나님과 어떻게 '연결' 되어야 하는지를 모르고 있었다. 그는 사후의 세계를 믿었기에 자신의 앞에 분명히 지옥이 기다리고 있음을 알고 죽음의 공포로부터 떠나지 못했다. 이런 끔찍한 절망 가운데 자살은 오히려 점점 매력적인 선택이 되어가고 있었다.

나는 라이언에게 그가 지닌 문제는 세 가지로 서로 연결이 되어 있으며, 이를 해결해야 함을 최선을 다해서 말해주었다. 첫째, 모든 사람이 그러하듯이 그는 자신이 하나님으로부터 떨어져 나왔다는 사실을 인정해야 했다. 객관적으로 보면 우리 모두가 죄를 지었고 하나님 앞에서 유죄 판결을 받은 자들인 것이다. 우리의 죄라는 장벽이 사라지기 전까지는 우리는 하나님을 알 수도, 하나님과의 교제를 통한 기쁨을 알 수도 없는 존재들인 것이다.

둘째, 라이언은 자신의 인생이 철저하게 망가졌다는 깨달음에서 오는 양심의 고함 소리, 즉 죄책감과 회한, 절망과 우울증의 문제와 마주해야 했다. 이런 느낌은 반드시 분노와 자기 정죄와 죽고 싶은 충동을 동반한다. 하지만 라이언의 양심이 해방을 맛보려면 반드시 먼저 하나님과의 관계를 바로잡아야만 했다. 첫번째 문제를 해결한 후에야 두번째 문제를 해결할 수 있었던 것이다.

마지막으로, 남편에게서 배신당한 아내의 분노를 해결해야만 했다. 아내의 상처를 치유하는 데는 세월이 필요할 것이다. 어쩌면 그가 아내와 화해하는 것은 불가능할지도 모른다. 그러나 그렇다 하더라도 하나님이 함께하신다면 그의 삶은 살 만한 가치가 있는 것이다.

어째서 죄를 자백한 후에도 라이언은 평화를 얻지 못했을까? 나는 그에게 우리가 단지 우리의 죄를 고백함으로써 그리스도인이 되는 것이 아니라고 설명했다. 죄를 하나님이나 성직자에게 자백한 많은 사람들이 모두 다 '거듭남'의 체험을 하는 것은 아니다. 예수님이 말씀하셨듯이 우리가 하나님 나라를 보기 위해서는 거듭나야만 한다(요 3:3). 하지만 우리가 우리의 모든 죄를 다 기억하는 것은 가능하지 않다. 대개 우리는 계속해서 양심을 찔러대는 죄만을 기억하기가 쉽다. 게다가 우리는 알지 못하고 많은 죄를 짓는다. 하나님의 기준은 우리의 기준보다 훨씬 높은 것임을 기억할 때 우리가 단순히 죄를 고백한다고 해서 하나님 가족의 일원이 되지는 못한다는 것을 알아야 한다.

라이언에게 필요했던 것은 하나님의 죄사함의 역사로 말미암아 하나님의 아들이 되는 것이었다. 그가 기억을 하든 하지 못하든 그가 지은 모든 죄를 하나님이 사하심으로 그가 자기의 창조주와 '연결' 되는 것이었다. 라이언에게 필요한 것은 그의 죄를 대신 지실 구세주였다. 자신은 죄가 없으시지만 라이언이 지은 모든 죄의 대가를 대신 치러주실 대속주 말이다. 라이언은 예수님의 대속의 희생만이 자신을 하나님의 자녀로 만들 수 있음을 알아야만 했다. 감사하게도 하나님은 라이언에게 필요한 모든 것을 이미 행하셨던 것이다.

당신이 비행기를 타려고 기다리는 동안에 항공사 직원들은 당신의 하루가 어땠는지 물어보지 않는다. 당신의 기분이 좋은지 나쁜지도 물어보지 않는다. 오로지 당신이 비행기표를 가졌는지가 그들의 관심사인 것이다. 이와 같이 우리가 그리스도를 믿음으로 우리의 구세주로 받아들일 때 그분은 하나님께로 갈 수 있는 우리의 표가 되시는 것이다.

우리가 이러한 선물을 받을 자격이 있는지는 중요하지 않다. 우리에게는 그런 자격이 없다. 우리가 죄책감을 느끼는가도 중요하지 않다. 우리는 다 죄인이다. 우리가 지은 죄의 횟수나 경중이 중요하지 않다. 소위 말해서 선하다고 하는 사람이라도 태생적으로 그리고 선택에 의해서 하나님으로부터 떨어져 나온 사람들이다. 오히려 하나님으로부터 더 멀리 떨어진 사람들에게는 한 가지 유익함이 있다. 자신을 상당히 근사한 사람으로 여기는 사람들과 달리, 자신이 하나님의 용서가 절실히 필요한 존재임을 안다는 것이다. 하나님은 자신이 진정 얼마나 악한지를 아는 사람들을 즐겨 도우신다.

라이언에게는 이런 유리한 점이 있었다. 그의 죄책감과 절망이 그로 하여금 하나님께로 나아오게 했다. 자신을 정죄하는 속사람의 소리가 그로 하여금 하나님과 또한 자신과 화평하려면 어떻게 해야 하는지를 묻게 한 것이다. 이러한 죄책감은 성적으로 타락한 사람만이 갖는 것은 아니다. 알코올 중독자나 도박꾼, 낙태를 한 여성도 동일한 죄책감을 가지게 된다. 반복해서 같은 죄를 짓는 사람도 마찬가지며, 옳은 것을 알면서도 그대로 살지 못하는 우리 모두도 죄책감에 시달리게 된다.

마침내 라이언은 그리스도를 자신의 구세주로 모셔들였다. 자신이 하나님의 용서를 받았다는 사실을 알았을 때 그의 양 어깨에 놓여 있던 엄청난 무게의 죄책감은 사라졌다. 하지만 죄책감과 자기 정죄와의 싸움이 여기서 끝난 것이 아니었다. 하나님이 그의 죄를 사하신 후에도 그의 양심은 여전히 그를 괴롭혔다.

우리 모두는 죄인으로서 하나님이 허락하신 문제를 안고 살아간다.

그러나 감사한 것은 그 모든 문제에는 하나님이 허락하신 해답이 있다는 사실이다.

죄 사함 받기

구약의 선지자 스가랴는 우리의 문제와 그 죄책감에 대한 하나님의 대답을 동시에 제시해주는 꿈을 꾸었다. 스가랴의 꿈 속에서 한 선지자가 하나님 앞에서 수치로 떨며 서 있었는데, 그가 하나님 자신처럼 의롭다 하는 선포를 받고 걸어갔던 것이다.

스가랴의 이야기가 우리의 이야기가 될 수 있다.

"대제사장 여호수아는 여호와의 사자 앞에 섰고 사단은

그의 우편에 서서 그를 대적하는 것을 여호와께서 내게 보이시니라… 여호수아가 더러운 옷을 입고 천사 앞에 섰는지라"(슥 3:1, 3).

이 장면을 한번 상상해보라. 대제사장이 입은 옷을 보라. 그가 입은 더러운 옷은 그의 마음이 어떠한지, 즉 하나님 앞에서의 그의 죄를 반영하고 있는 것이다. 여호수아는 깨끗하지 않았다. 그는 더러웠고 죄를 범했으나 어떻게 해야 할지 알지 못했다.

만일 그의 마음을 일반적인 범죄자의 마음과 비교한다면 여호수아의 마음은 훨씬 더 양호한 상태일 것이다. 만일 그가 우리 교회의 교인들과 나란히 서 있다면 다른 사람들보다 훨씬 더 의로운 사람임이 입증될 것이다. 그러나 여호수아는 자신보다 훨씬 더 의로우신 분의 존전에 서 있었다. 그는 '여호와의 사자'의 존전에 있었던 것이다.

이 '사자'를 한번 자세히 살펴보자. 그 '사자'가 이렇게 말하는 것을 통해 우리는 그가 누구인지에 관한 힌트를 얻게 된다. "사단아 여호와가 너를 책망하노라 예루살렘을 택한 여호와가 너를 책망하노라"(2절). 또한 우리는 이 '하나님의 사자'가 죄를 사할 수 있는 권한을 지니셨음을 본다. 성경학자들은 대부분 '그 여호와의 사자'가 신약 시대 이전의 그리스도를 지칭하고 있음에 동의한다.

여호수아는 예수님의 존전에 서 있었던 것이다.

사실, 하나님이 그토록 거룩하신 분이 아니었다면 우리의 죄책감도 어느 정도는 해결 가능할지도 모른다. 그러나 우리에게 주어진 거룩함의 기준은 거룩하신 하나님 그 자신이신 것이다.

그 순간에 여호수아가 어떻게 하기 원했을 거라고 생각하는가? 그의 성품을 고려해볼 때 그가 여호와의 존전에서 달아나고 싶었을 것이라고 나는 확신한다. 그러나 그는 그곳에 그대로 서 있었다. 수치심으로 떨면서 말이다. 그리고 그가 느끼는 만큼이나 그의 죄악은 깊었다. 이와 마찬가지로 우리도 또한 거룩함의 존전, 우리에게 동일하게 정결할 것을 요구하시는 그분의 존전에 정죄받은 채로 서 있다. 우리의 죄악이 드러난 채로, 영적으로 발가벗은 채로 서 있다.

그러나 여호수아를 심판하시는 예수님은 또한 그를 덮어 주는 분이시다.

"여호와께서 자기 앞에 선 자들에게 명하사 그 더러운 옷을 벗기라 하시고 또 여호수아에게 이르시되 내가 네 죄과를 제하여 버렸으니 네게 아름다운 옷을 입히리라 하시기로"(슥 3:4).

그래서 여호수아의 더러운 옷은 제하여졌으나 그는 벌거벗은 채로 남겨지지 않았다. 깨끗한 옷, 즉 '아름다운 옷'이 그의 어깨에 걸쳐졌던 것이다. 이제 여호수아는 부끄러움 없이 주 앞에 설 수 있게 되었다.

이 점을 한번 묵상해보라. 여기서 중요한 것은 우리의 죄가 얼마나 엄청나고 얼마나 많은지에 있는 것이 아니라, 우리를 덮는 옷이 얼마나 아름다운가 하는 점이다. 우리는 이렇게 물을 수 있다. 도대체 여호수아의 옷이 얼마나 더러웠던가? 도대체 그가 지은 죄는 어떤 죄였던가? 재미있는 질문들이시만 더 이상 적절한 질문은 아니다. 왜냐하면 그의 더러움은 이미 온전히 덮여졌기 때문이다.

종교 개혁 당시의 조지 스팔라틴(George Spalatin) 목사는 비탄과 죄의식에 사로잡혀 있다. 자기 교구민에게 비도덕적인 조언을 하고 난 후에 위로를 받을 길이 없었던 것이다. 스팔라틴의 상황을 들은 마틴 루터(Martin Luther)는 펜을 들어 친구에게 편지를 썼다. 그 편지에서 루터는 스팔라틴의 죄를 축소하는 대신 하나님의 은혜를 강조했다. 그의 편지를 요약하면 이렇다. 예수님은 우리의 '유치한 죄'를 위해 돌아가셨을 뿐만 아니라 우리의 '진짜 끔찍하고도 상심케 하며 비난받아 마땅한 죄악, 바로 그 엄청나고 가장 충격적인 죄'를 위해서도 돌아가셨다. 루터가 친구인 스팔라틴 목사에게 말한 대로 그리스도는 진짜 죄인들을 위한 진짜 구세주이신 것이다.[2]

그처럼 예수님의 존전에 선 채로 여호수아는 사면을 받았다.

그러나 사단의 존재로 말미암아 이 이야기는 살짝 꼬인다. 사단은 그리스도와 여호수아의 화해를 도저히 견딜 수가 없어서 분리의 씨앗을 뿌리기 위해 그곳에 서 있었다. 하늘은 사단을 일컬어 '우리 형제들을 참소하던 자 곧 우리 하나님 앞에서 밤낮 참소하던 자'(계 12:10)라고 한다. 사단은 주님 앞에서 대제사장 여호수아를 맹렬히 비난함으로써 하나님으로부터 여호수아를 떼어놓으려고 애쓴다.

우리가 이 비난의 근거들을 검토해보기 전에 한번 깊이 생각해보자. 이런 비난을 하는 자는 누구인가? 바로 그 자신이 죄의 화신이 아니었던가? 만일 여호수아가 더러운 자라면 사단은 훨씬 더 더러운 존재다. 만일 여호수아가 정결치 못한 자라면 사단은 그 갑절이나 정결치 못한 존재다. 사단을 리더로 모시는 귀신들에게 흔히 붙여지는 이름이 '더러운 영들'이라는 사실은 어쩌면 당연한 것이다. 한 점의 선함이나 일말의 친절의 흔적도 찾아볼 수 없는, 전적으로 더러운 존재들이다.

사단은 스스로 죄의 화신에 그치는 것이 아니라 죄의 선동가이기도 하다. 그는 아담과 하와를 유혹해서 범죄하도록 했으며 인류를 계속해서 방황하게 하고 있다. 사단과 그 부하들은 우리를 죄에 빠트린 후에 돌아서자마자 우리를 죄인이라고 비난하는 것이다. 그는 마치 소방수이며 동시에 방화범과 같다. 자기 스스로 재난을 연출해놓고 그 현장에 구원자로 나타난다.

그렇다면 사단의 동기는 무엇인가? 바로 증오다. 하나님과 하나님의 백성들에 대한 증오다. 분노에 눈이 멀고 질투에 사로잡힌 채, 굴욕적인 미래를 앞에 두고 그는 하나님의 존전에 서 있는 우리에게 끊임없이 죄책감과 수치심을 상기시키는 것이다. "네 더러운 옷을 한번 보렴." 사단이 말한다.

"하나님이 너를 용서하셨다고? 정말일까? 네가 한 일을 생각해보렴. 용서받았다는 느낌이 들지 않지? 하나님은 네게 진노하고 계셔. 그냥 도망가는 편이 나을 걸."

사단은 우리에게 가망이 없다는 확신을 심고 싶어한다. 우리가 하나님에게서 돌아서서 이전에 지은 죄로 인한 고통을 둔하게 하려고 추가로 범죄하기를 바란다. 악한 자 사단이 원하는 것은 우리가 하나님과의 교제에서 끊어지고 정결한 양심의 축복에서 멀어지는 것이다. 그는 우리의 관점을 왜곡시키며 우리의 죄가 하나님의 은혜보다 더 크게 보이도록 한다.

감사한 일은 주님이 우리 편을 드신다는 사실이다. 그분은 사단의 참소를 꾸짖으신다. 우리가 끔찍한 죄인들이라는 사실은 분명하지만 하나님은 우리가 받아 마땅한 것과 우리에게 주실 은혜를 확실히 구분하셨다. 예수님으로 말미암아 하나님은 우리 죄를 사하시며, 우리를 자신과 같이 의롭다 칭하시고, 자기 옷으로 입히시는 것이다.

구원의 확신과 죄책감

여호수아가 주께로부터 받은 정결한 옷은 우리가 예수 그리스도를 우리의 대속물로 받아들일 때 받는 의의 선물을 의미한다. 우리는 하나님으로부터 사함을 받아 그분의 자녀가 되는 권세를 누리는 것이다(로마서 8장 16-17절을 보라).

그러나 그것이 죄와 싸우는 것의 종말을 의미하는 것은 아니다. 죄책감은 주로 불신자들을 괴롭히지만 종종 그리스도인들을 따라다니기도 한다. 그 차이는 이것이다. 그리스도를 대속주로 받은 우리에게는 이제 양심을 깨끗이 씻을 도구가 주어진 셈이다. 이제 우리가 죄를 고백하는 것은 하나님의 자녀가 되기 위해서가 아니다. 우리는 이미 영원히 그분의 자녀가 되었기 때문이다. 그러므로 우리가 죄를 자백하는 것은 우리와 하나님 아버지와의 관계가 온전히 회복되기 위해서인 것이다. 우리 아이들이 어렸을 때 내 말을 거역한 후에는 용서를 구했다. 내 자녀의 신분을 회복하기 위함이 아니라 우리의 무너진 관계를 회복하기 위함이었다.

우리는 사단의 참소와 성령님이 우리에게 주시는 확신을 잘 구별할 수 있어야만 한다. 만일 이 둘을 혼동한다면 지은 죄만 계속해서 생각하느라 기쁨을 누릴 수가 없게 될 것이다. 만일 여호수아가 사단의 참소를 믿었더라면 어땠을까? 만일 그가 자신이 더러운 존재임을 말하는 음성, 우리 모두를 정죄하고 비난하는 음성에만 귀를 기울였다면 어땠을까? 아마도 그는 자기 혐오와 절망 그리고 아무런 소망도 없는 상태에 빠지고 말았을 것이다.

우리가 하나님의 가족의 일원이 되면 성령님은 용서를 구해야 할 죄를 밝히 보여주신다. 그리고 우리가 죄를 고백하면 사함을 받고 모든 것이 제자리로 돌아오게 된다. 그럼에도 불구하고 사단은 계속해서 이미 사함받은 죄를 참소함으로 하나님이 다 해결되었다고 말씀하신 죄에 관해 우리를 자극하는 것이다.

그러나 우리는 다음의 말씀으로 사단의 참소에 대적할 수 있다.

> "누가 능히 하나님의 택하신 자들을 송사하리요 의롭다 하신 이는 하나님이시니 누가 정죄하리요 죽으실 뿐 아니라 다시 살아나신 이는 그리스도 예수시니 그는 하나님 우편에 계신 자요 우리를 위하여 간구하시는 자시니라"
> (롬 8:33-34).

그러므로 우리는 자신 있게 말할 수 있다. "사단아, 주께서 너를 꾸짖으시노라!"

대제사장 여호수아의 이야기를 통해 우리가 기억해야 할 것은 죄책감이 몰려올 때 우리는 하나님을 향해 나아가야지 하나님으로부터 멀어져서는 안 된다는 사실이다. 잘못을 저질렀을 때 도망가서 숨고자 하는 자연적인 본능을 억누르고 대신에 그 모습 그대로 아무런 변명이나 가식 없이 하나님의 존전에 나아가야만 한다.

내가 말하고자 하는 요점은 바로 이것이다. 당신이 느끼는 죄책감은 하나님이 당신을 자신에게서 멀리 밀어내시고자 하는 분노가 아니라, 자기 품 안에 당신을 안고자 하시는 하나님의 사랑이다.

하나님의 선물을 거부할 것인가?

이 구절에서 나를 가장 놀라게 하는 것은 하나님이 당신에게 범죄한 우리를 용서하기로 하셨을 뿐만 아니라 우리를 높이기로 작정하셨다는 사실이다. 하나님은 여호수아에게 단지 새 옷을 입히셨을 뿐만 아니라 값비싼 모자를 가지고 나와서 그의 머리에 씌워주셨던 것이다. 그는 하나님의 사역을 다시 감당하게 되었고, 여호와의 집과 궁정의 책임을 맡게 되었다.

최근에 나는 무기 강도로 복역을 했던 한 마약 중독자의 간증을 들을 기회가 있었다. 자신의 죄를 용서하시는 하나님을 믿은 후에 그 남자는 한 기독교 기관의 관리주임으로 고용이 되었다. 그의 말을 들어보자. "나 같은 죄인도 하나님이 사용하신다는 사실을 알고 나서 감사함에 저절로 무릎을 꿇었답니다."

그러나 만일 우리가 하나님의 이 같은 은혜의 선물을 거부하거나 기꺼이 받아들이지 않는다면 어떻게 될 것인가? 만일 그 탕자 아들이 먼 나라에서 더 오래 머물기로 했더라면 어떻게 됐을까? 만일 여호수아가 "고맙지만 사양하겠습니다. 주여, 저는 죄인이고 새 옷을 입을 자격이 없으니 그냥 지금 입은 더러운 옷을 계속 입겠습니다"라고 말했더라면?

〈쇼생크 탈출(The Shawshank Redemption)〉은 미국 메인 주의 한 감옥을 무대로 한 영화다. 1940년대부터 수십 년 동안 교도소에서 겪는 생존을 위한 시련과 유혹을 둘러싼 두 죄수의 삶의 여정이 이 영화의 줄거리를 이루고 있다. 감옥에서 해방된 한 동료 죄수가 자살했다는 소식을 들었을 때,

어쩌면 죄수들 중에 가장 지혜롭고 세련된 한 명인 레드(Red)는 감옥의 담 안에 갇혀 너무 오래 살게 되면 어떻게 되는지를 이렇게 설명한다. "이 담들은 참 재미있단 말이야. 처음 감옥에 들어와서는 미워하지만 곧 익숙해지게 되거든. 그러다가 세월이 더 흐르면 아예 의존하게 된단 말이야."

당신이 죄의 노예라면 이와 같은 일을 경험한다. 처음에는 더러운 옷을 미워한다. 분노, 중독, 기만 등을 반복하다가 그 후에는 그 더러운 옷에 익숙해지게 되는 것이다. 그러다가는 편안함마저 느끼게 되고 종국에 가서는 그 옷들을 필요로 하게 된다. 자유보다 노예의 신분을 더 선호하는 날이야말로 당신의 삶에서 가장 끔찍한 날이 되는 것이다. 지울 수 없는 오물이 묻은 옷을 하나님이 당신을 위해 예비하신 깨끗하며 호화로운 옷보다 더 좋아하게 되는 날 말이다.

더 이상 한 순간도 지체하지 말라. 더 이상 당신의 죄에 길들지 말라. 아버지가 기다리고 계시지 않은가. 그분은 그리스도를 통해 자신에게 돌아올 모든 이들을 위해 옷을 준비하고 계신다. 하나님의 존전에서는 어떠한 오물도 영원하지 않으며, 어떠한 사람도 소망이 없지 않다는 것을 기억하라.

만일 지금껏 한 번도 그리스도를 의뢰한 적이 없다면,

지금 바로 당신 마음의 소망을 표현하는 기도를 할 것을 권한다.

> 아버지, 예수 그리스도를 보내주셔서 저를 대속하여주시니 감사합니다.
> 그리스도가 저의 죄를 사하심을 믿으며 그분을 제 개인의 구세주로 영접합니다.
> 예수님을 의뢰할 때 하나님이 저를 자녀로 삼으신다는 확신을 주셔서 감사합니다.
> 그리스도의 대속하심을 의지함으로 제가 구원받았음을 믿습니다.
> 예수님의 이름으로 기도드립니다. 아멘.

"영접하는 자 곧 그 이름을 믿는 자들에게는 하나님의 자녀가 되는 권세를 주셨으니"(요 1:12).

제 *3*장

하나님이 용서하신 죄

낙태를 했던 한 여성이 고백하기를 지난 4년 간 낙태한 아이와 비슷한 연령대의 아이를 볼 때마다 심한 죄책감과 후회에 사로잡혔나고 했다. 그때마다 자신의 태아를 죽였던 때가 기억나면서 고통을 받았던 것이다. 그리스도인인 그녀는 몇 번이나 그 죄를 회개했지만 죄책감이 사라지기는커녕 계속해서 그녀를 괴롭혔다.

그 여성은 속았던 것이다. 어떤 종류의 불순종에는 얼마만큼의 죄책감이 뒤따를 것이라는 사전 공지는 어디에도 없었다. 모성의 책임은 지지 않은 채 육체적 욕망을 즐긴 대가로 4년이 지난 뒤에도 그토록 집요한 죄책감에 시달리게 되리라고는 전혀 예상하지 못했던 것이다.

당신이 10억 원을 훔쳐서 도망을 갔다고 상상해보라. 대부분의 경우에 당신은 양심 때문에 그 돈을 즐기지 못할 것이다. 반사회적인 사람이 범죄를 즐기는 유일한 이유는 그들의 양심이 이미 어떠한 자극에도 반응하지 않을 정도로 죽어버렸기 때문이다. 우리와 같은 보통 사람들은 단지 과거의 죄를 끈질기게 상기시키는 목소리를 억누르려고 애쓸 수밖에는 없다.

과거의 기억은 차단할 수가 없는 법이다. 기억들을 영혼 한 켠에 보관해둔 채 다른 한 켠에서 화평을 누릴 수는 없다. 집중을 해보려고 애를 써봐도 우리의 생각은 순식간에 고통받는 양심으로 되돌아가곤 한다. 다윗도 이렇게 말했다. "내 죄가 항상 내 앞에 있나이다"(시 51:3). 우리의 죄, 특히 어떤 종류의 죄는 우리가 사무실에 앉아 있을 때나, 귀갓길 차 안에서나 심지어는 교회에서 예배를 드리고 있는중에도 불쑥불쑥 찾아온다.

인간의 마음을 지우는 능력이 우리에게는 없다. 우리 심령의 구석구석에 파고 들어가서 찌꺼기들을 청소할 능력이 없는 것이다. 토크쇼나 여러 텔레비전 프로그램들은 인간의 문제를 수백만 시청자 앞에서 폭로하는 것은 마음을 정화하는 효과가 있다고 주장하지만 사실 그것은 마치 속옷을 진흙탕에서 빨래하는 것과 같을 뿐이다. 오염된 인간의 마음에는 자정 능력이 없다.

죄책감을 어떻게 할 것인가

우리는 죄책감을 원천적으로 없앨 수 없으며, 술이나 마약으로도 사라지게 할 수도 없다. 아무리 열심히 노력하더라도 양심의 소리를 완전히 잠재울 수는 없다. 왜냐하면 직관적으로 우리가 알고 있는 것은 우리가 상위법의 정죄를 받고 있다는 것이다. 우리가 조성할 수 없는 법, 우리가 반드시 응답해야 하는 법 말이다.

종종 우리는 자신을 우리보다 '악한' 자들과 비교함으로써 죄책감을 경감시키려고 할 때도 있다. 아내 몰래 간통을 하는 옆 사무실의 남자, 아내에게 폭력을 행사하는 옆 골목에 사는 사내, 혹은 엄청난 돈을 횡령하고 도망간 회계부서에 근무하는 여자 등과 같이 보다 더 큰 죄를 지은 사람들 말이다. 물론 우리도 좀 나쁜 짓들을 했지만, 저 사람들에 비하면 아무것도 아니지 않은가.

또한 때때로 선을 행함으로써 우리의 죄를 보상하고 양심의 소리를 잠재우려고 할 때도 있다. 내 친구는 어릴 적에 시키지도 않았는데 정원 잔디를 깎으면 어머니가 이렇게 묻곤 하셨다고 했다. "자, 오늘은 또 무슨 짓을 한 거야?" 사실 자신이 선을 행함으로써 '빚을 청산하고' 자신이 그리 나쁜 사람이 아님을 스스로에게 증명하기 위해 사회 봉사를 하는 사람들도 있다.

어떤 이들은 자신이 저지른 잘못에 대한 벌을 스스로에게 가함으로써 하나님과 협상을 하려고 한다. 한 번도 보지 못한 아들이 있음을 알게 된 한 아버지는 이렇게 말했다. "지난 27년 동안 저는 제가 벌을 받지 않는 한 용서받지 못한다고 믿고 살았습니다." 필리핀에 있는 채찍질 고행파라고 알려진 한 광신도 집단은 그리스도의 고난과 동일한 고문을 자신들에게 가하는 것으로 알려져 있다. 그들 가운데 일부는 실제로 자신을 십자가에 못 박기도 한다.

그럼에도 불구하고 여전히 양심은 외치고 있다. 갚아야 할 빚은 아직도 많이 남았어!

죄책감에 시달리는 어떤 사람들은 '사고' 지향적인 습관이나 해로운 습관을 가지고 일찍 죽고자 하는 자신만의 비밀을 간직하기도 한다. 윌리엄 저스티스(William Jusitice)는 자신이 마약 중독임을 털어놓은 한 똑똑한 청년의 이야기를 들려준다. 왜 마약을 복용하는지를 묻자 그는 이렇게 대답한다. "제가 그 답을 말씀드리지 않아도 이미 아시잖아요… 제가 저질렀던 어떤 짓들은 너무 끔찍해서 그저 죽고만 싶어요. 머리에 총을 쏴서 자살할 만한 배짱은 없으니까 마약을 먹고 조금씩 죽어가려고요. 제가 저지른 모든 잘못의 대가는 지불해야만 할 것 같아요."[3]

저스티스는 이렇게 적고 있다.

> 어떠한 기대에 부응한 삶을 살지 못했다는 패배감은 자신을 벌하려는 경향을 갖게 함으로써 또 다른 실패를 낳는다. 모든 실패는 '실패하지 말았어야 했는데' 라는 자책감을 동반한다. 그러므로 실패를 한 후에 자신을 벌함으로써 실패의 재생산을 가져오는 것이다.[4]

언덕을 굴러 내려오는 눈덩이처럼 이 '정죄의 악순환'은 탄력을 받아서 갈수록 그 힘이 강해진다. 우리 속의 심판관이 이렇게 소리친다. 좀더! 좀더 세게! 그러나 우리가 아무리 많은 빚을 갚는다고 해도 결코 다 갚을 수가 없고, 어떠한 위로도 기껏해야 일시적인 것이며, 잘못하면 오히려 치명적이게 될 뿐이다.

하나님이 다루시는 죄

어째서 하나님의 용서를 받아들이는 것을 우리는 그토록 힘들어하는 것일까? 우선, 여전히 피할 수 없는 죄의 결과, 즉 우리의 행위가 저질러놓은 연쇄적 반응과 함께 살아야 하기 때문이다. 간음을 회개한 남자라도 여전히 아내와 화해하거나 이혼을 해야 하는 어려움에 직면해야만 한다. 알코올 중독으로 인해서 직장을 잃어버린 남자는 봉급 없이 지내야 하는 고통에 직면해야만 한다. 용서를 받았다고 해도 낙태한 아이를 돌려받을 수는 없다. 때때로 용서를 받은 후에도 사형은 집행되는 것이다.

많은 사람들이 용서를 받아들이려고 하지 않는 또 다른 이유는 우리 스스로 죄책감을 느껴야 하는 것이 마땅하다고 믿기 때문이다. 우리는 이렇게 생각한다. '나 같은 죄인이 죄책감에서 벗어나는 것은 공평치가 않아.' 그러나 죄책감을 가진다고 해서 결코 우리의 죄값을 치를 수 있는 것은 아니다. 아무리 스스로를 괴롭히는 죄책감을 가진다고 해도, 우리가 마땅히 감당해야 할 고통을 견디어낸다고 해도, 그런 인내함으로 우리가 하나님께 더 잘 보일 수 있는 것은 결코 아닌 것이다. 우리의 죄책감은 십자가 위에서 우리를 위해 돌아가신 그리스도의 죽음의 가치를 더하거나 감하지 못한다.

하나님의 은혜라는 관점에서 보면 우리가 죄책감에 매달리는 것은 어쩌면 얄팍한 교만일지도 모른다. C. S. 루이스(C. S. Lewis)는 이렇게 표현했다. "만일 하나님이 우리를 용서하셨다면 우리도 자신을 용서함이 마땅하다고 생각한다. 그렇지 않다면 이는 마치 우리 자신을 하나님보다 더 높은 재판관인 것처럼 여기는 것과 같다."[5]

우리 자신은 이미 용서받은 죄로 인해 계속 고통을 받을지는 몰라도 하나님은 더 이상 우리의 죄를 묻지 않으신다. 예수님의 죽음과 부활로 인해서 우리가 자백한 모든 죄는 완전하게 사라졌기에 전능하신 하나님과 우리 사이에 더 이상 장벽이 되지 않는 것이다. 그러므로 용서받은 죄는 우리가 어떻게 여기느냐에 따라 달라진다. 우리가 계속해서 우리의 양심을 괴롭히는 도구로 삼을 수도 있고, 하나님이 치워버리신 곳으로 보내버릴 수도 있는 것이다.

내가 10살 무렵이었을 때 누나는 내게 요술칠판을 주었다. 그림을 그리거나 글자를 쓰고 나서 투명한 종이를 들어올리기만 하면 모든 것이 흔적도 없이 사라지는 그런 칠판 말이다. 우리의 인생은 하나님의 돌판 위에 쓰여지지만 우리가 한 말, 우리가 품었던 생각, 우리가 했던 행위를 하나님은 마치 요술칠판과도 같이 한 점 없이 모두 지우실 수 있다. 그렇다. 우리의 행위의 결과는 남을지 모르나 우리의 죄 자체는 더 이상 보이지 않는다. 하나님의 시야 밖으로 치워버리신 것이다.

성경은 하나님이 우리의 죄를 얼마나 멋지고도 완벽하게 처리하셨는지를 여러 방법으로 묘사하고 있다.

하나님이 우리 죄를 덮으신다

"허물의 사함을 얻고 그 죄의 가리움을 받은 자는 복이 있도다"(시 32:1). 두 갈래 길이 놓여 있다고 상상해보라. 한 길은 깨끗하고 사람들이 많이 다니는 길이고, 다른 한 길은 바퀴 자국이 도랑으로 빠진 흔적이 있는 엉망인 길이다. 폭설이 내리면 두 길은 모두 흰 눈으로 덮인다. 이처럼 우리의 죄가 크든 작든 하나님은 모두 덮으신다. "너희 죄가 주홍같을지라도 눈과 같이 희어질 것이요 진홍같이 붉을지라도 양털 같이 되리라"(사 1:18).

다윗도 자신의 죄가 '눈과 같이 희어지기를' 기도했다. 나는 때때로 죄가 어떻게 눈이 부시도록 빛나는 눈처럼 희어질 수 있는지 궁금하곤 했다. 그러다가 눈송이란 핵이라고 불리는 먼지의 입자가 습기를 끌어들인 후 결정체를 이룬 것이라는 사실을 배우게 되었다. 우리 눈에는 완벽하게 정결한 것처럼 보이는 눈도 실상은 현미경으로 들여다보면 오염된 조각이 드러나는 것이다. 하나님이 우리를 용서하실 때에 모든 불순한 흔적은 말끔히 제거되어서 우리에게 남은 것은 오직 한 점의 오염도 되지 않은 아름다운 의로움인 것이다.

찰스 스펄전(Charles Spurgeon)은 우리의 죄를 덮으시기 위해 하나님은 어디까지 일하시는가를 주제로 다음과 같은 감동적인 설교를 했다.

인간은 태산같이 죄를 쌓지만, 하나님은 그에 뒤질세라 더 높은 은혜의 산을 쌓으신다. 인간이 더 높은 죄의 산을 올린다고 해도 우리 주님은 그보다 열 배나 높은 은혜의 산을 만드신다. 이 경주는 계속되다가 마침내 전능하신 하나님이 인간이 쌓은 죄의 산을 뿌리 채 뒤흔들어 마치 알프스 산에 한 마리 파리를 묻어버리듯 은혜의 산 아래 파묻어버리신다. 아무리 엄청난 죄라고 할지라도 무한하신 하나님의 은혜를 막지는 못한다.[6]

하나님은 우리의 죄를 제하신다

"동이 서에서 먼 것같이 우리 죄과를 우리에게서 멀리 옮기셨으며"(시 103:12). 앞서 간음을 했던 남자는 비록 자기 아내가 용서를 했다고는 하지만 "아내는 부부 싸움을 할 때마다 과거사를 들추어내 저를 괴롭히곤 한답니다"라고 말했다. 하지만 하나님은 우리의 과거사를 들추어내는 분이 아니시다. 사실 우리의 죄악은 하나님의 시야에서 사라졌다. 우리의 마음에는 여전히 남아 있을지 모르지만 하나님의 마음에서는 이미 사라진 지 오래다. 하나님은 이렇게 말씀하신다. "내가 네 허물을 빽빽한 구름의 사라짐같이, 네 죄를 안

개의 사라짐같이 도말하였으니"(사 44:22).

한 남자가 해변을 따라 긴 모래사장을 걸어가다가 뒤를 돌아보고는 자신이 걸어온 발자국이 이리저리로 흩어진 것을 보고 깜짝 놀랐다. '삐뚤빼뚤한 것이 꼭 내가 살아온 삶 같군' 하고 남자는 생각했다. 그러나 몇 시간 후에 다시 숙소로 돌아가려고 돌아선 남자의 눈 앞에는 자신이 남긴 발자국이 하나도 보이지 않았다. 파도가 밀려와서 모래사장의 흔적을 모조리 지워버린 것이었다. 눈 앞의 촉촉한 모래사장을 바라보며 그는 자신의 과거가 미래를 좌지우지할 수 없다는 교훈을 얻게 되었다. 그에게는 새로운 기회가 있었던 것이다.

선지자 미가는 하나님의 놀라우신 은혜를 이렇게 적었다. "다시 우리를 긍휼히 여기셔서 우리의 죄악을 발로 밟으시고 우리의 모든 죄를 깊은 바다에 던지시리이다"(미 7:19). 다시 말하면, 하나님은 우리의 죄를 깊고 푸른 바다에 던지시고는 그 위에 이런 표지판을 세우신 것이다. 낚시 엄금.

하나님은 우리의 양심을 씻으신다

양심의 고통을 이기지 못한 다윗은 이렇게 기도했다. "나의 죄악을 말갛게 씻기시며 나의 죄를 깨끗이 제하소서… 우슬초로 나를 정결케 하소서 내가 정하리이다 나를 씻기소서 내가 눈보다 희리이다"(시 51:2, 7).

우리가 반드시 암송해야 할 약속이 하나 있다. "만일 우리가 우리 죄를 자백하면 저는 미쁘시고 의로우사 우리 죄를 사하시며 모든 불의에서 우리를 깨끗케 하실 것이요"(요일 1:9). 우리가 우리의 죄를 자백할 때 누릴 수 있는 두 가지 축복이 있다. 첫째, 우리는 용서함을 받는다. 객관적으로 우리의 죄가 사라지는 것이다. 둘째, 주관적으로 우리는 깨끗하게 된다. 다시 말하면 우리의 더러워진 양심이 정결해지는 것이다.

"죄책감으로 가득한 제 마음을 어쩌면 좋을까요?" 한 여성이 내게 물었다. "아무리 센 철 수세미로도 제 마음을 벗겨낼 수가 없답니다." 그녀의 표현은 정확했다. 제 아무리 강력한 세제로도 양심의 구석구석 찌든 때를 벗겨낼 수는 없다. 깊은 회한, 하나님으로부터의 분리, 혹은 자신에 대한 혐오감에는 백약이 무효한 것이다. 오로지 하나님만이 우리의 심령 깊은 곳까지 가셔서 정결케 할 수 있으시다.

한 여성은 젊었을 때 자신이 저지른 부도덕한 죄의 행위로 몇십 년이 지난 지금까지 죄책감과 회한에 시달리고 있었다. "물론 죄를 자백하셨지요?" 내가 물었다.

"물론이지요. 아마 수천 번쯤 했을 거예요." 그녀가 대답했다.

같은 죄를 놓고 계속해서 회개한다고 해서 우리의 양심을 깨끗케 할 수는 없다고 나는 말했다. 참으로 이러한 '반복 회개'야말로 하나님은 '신실하시며 의로우시며 우리를 용서하신다'는 믿음이 없음을 보여주는 증거인 것이다.

죄의식의 끈질긴 고통이 다시 찾아오면 우리는 우리의 죄가 이미 용서받았다는 사실을 확신해야만 한다. 죄책감의 용도는 그것으로 말미암아 우리가 우리의 죄를 하나님께 자백하는 것에 있다. 그러나 일단 우리가 하나님의 용서하심을 받아들이고 난 후에는 죄책감은 더 이상 쓸모가 없다. 하나님이 우리를 용서하신다고 말씀하신다. 그럼에도 불구하고 사단은 계속해서 우리의 양심을 쪼아댄다.

그렇다면 당신은 누구의 말을 더 믿을 것인가?

이 싸움에서 우리는 하나님 편에 서야 한다.

광야에서 유혹을 받으셨을 때 예수님은 적을 잠잠케 하기 위해 성경 말씀을 사용하셨다. 사난이 우리의 귀에 대고 우리를 참소할 때에 우리도 예수님처럼 하나님의 말씀으로 사단과 우리의 양심에 외쳐야만 한다. 이럴 때를 위해서 시편 32편을 암송해두었다가 사용할 것을 권한다.

하나님은 우리의 죄를 잊으신다

하나님은 자신을 이렇게 설명하셨다. "나 곧 나는 나를 위하여 네 허물을 도말하는 자니 네 죄를 기억지 아니하리라"(사 43:25). 이 말은 우리 인간들이 종종 그렇게 하듯이 하나님이 자기 부인의 상태에 계신다는 뜻이 아니다. 하나님이 우리의 죄를 기억하지 않으신다는 말은 더 이상 우리의 죄를 계산에 넣지 않으신다는 의미다. 하나님과 우리 사이에서 더 이상 죄를 문제삼지 않으시겠다는 말씀이다. 이사야 선지자가 말했다. "주께서 나의 영혼을 사랑하사 멸망의 구덩이에서 건지셨고 나의 모든 죄는 주의 등 뒤에 던지셨나이다"(사 38:17).

나는 이제껏 책을 쓸 때 주로 손으로 원고를 써왔지만, 그럼에도 컴퓨터와 문서 작성 소프트웨어를 특별히 좋아하는 까닭은 '지우기'의 기능이 있기 때문이다. 방금 이 문장을 쓰는 데에도 그 기능을 두 번이나 사용했다. 지우는 기능 없이 내가 맨 처음 쓴 원고 그대로 인쇄가 된다면 나는 크게 당황

할 것이다. 계속해서 철자법을 틀리게 쓰고, 말이 안 되는 문장을 적기도 하며, 다듬어야 할 생각을 그냥 끄적이기도 하기 때문이다. 그래서 '지우기' 기능은 내게 있어서 구명 장비나 마찬가지인 셈이다.

하나님도 우리의 죄를 없애실 때 이 '지우기'를 누르시는 것에 나는 감사한다.

온전한 사면

죄에 관한 한 우리가 할 수 있는 선택은 하나님이 우리의 죄를 덮으시도록 할 것인지, 아니면 우리 스스로 죄를 은폐하기 위해 할 수 있는 모든 것을 할 것인지, 이 두 가지뿐이다. 다윗의 이름을 들을 때 대부분의 사람들은 그를 골리앗을 물맷돌로 죽인 어린 소년이었다가, 후에 왕이 되어서는 남의 아내와 간통을 한 인물로 기억할 것이다. 밧세바가 자신의 아이를 임신했다는 사실을 알았을 때 다윗은 자신의 죄를 회개했었던가? 아니다. 다윗이 맨 먼저 한 일은 밧세바의 남편인 헷사람 우리아가 아내의 뱃속에 있는 아이가 그의 아이라고 믿게끔 속이려고 했던 것이다. 그 계획이 수포로 돌아가자 다윗은 결국 우리아를 죽게 했다. 이토록 간교하게 자신의 죄를 은폐하려고 했던 사람은 없었으며, 이토록 온 천하에 자신의 죄가 드러나게 된 사람도 없었다.

거짓말, 자기 합리화, 다른 사람과의 비교, 자기 부인, 부적절한 침묵, 속임수, 이러한 방법들을 통해서 죄책감을 다스리는 데 드는 에너지는 잴 수도 없을 만큼 엄청나다. 그러나 하나님은 결코 우리의 은폐에 가담하지 않으신다. "자기의 죄를 숨기는 자는 형통치 못하나 죄를 자복하고 버리는 자는 불쌍히 여김을 받으리라"(잠 28:13).

우리가 하나님과, 다른 사람들과, 또 우리 자신과 정직하지 않으면 않을수록 우리는 그만큼 더 하나님의 축복을 뒤로 미루고 있는 것이다. 「천로역정(The Philgrim's Progress)」에서 존 번연(John Bunyan)은 죄를 오직 하나님만이 제하실 수 있는 양심의 짐으로 비유한다. 우리가 우리의 죄를 스스로 해결하려고 노력하는 것은 결코 하나님을 돕는 것이 아니다. 오히려 우리는 하나님의 도우심과 간섭하심을 필요로 하는 존재임을 인정하는 것이 하나님을 높이는 것이다. 정결한 양심은 오직 하나님만이 주실 수 있는 선물인 것이다.

결국, 사함을 받은 죄는 우리가 허락하는 만큼의 힘만을 가지게 된다. 다시 말하면 우리가 사단에게 허용하는 만큼의 힘만을 가지게 되는 것이다. 그렇다. 우리가 지은 죄의 기억은 다시 찾아올지도 모른다. 오래된 죄책감과 자기 정죄를 경험하게 될지도 모른다. 그러나 우리는 이렇게 확신을 가짐으로써 대응을 해야 한다. 하나님이 이 문제에 관해 말씀하신 바를 나는 믿는다.

낙태의 죄를 용서받은 여성은 사랑의 하나님이 자신의 죄를 덮으셨고 제하셨으며 잊어버리셨다는 사실을 확신해야만 한다. 회개한 알코올 중독자나 범죄자도 이와 마찬가지다.

2년 전에 한 제자가 내게 조슈아 해리스(Joshua Harris)가 쓴 감동적인 이야기를 전해주었다.

> 비몽사몽 간에 보니 내가 한 방에 있었다. 그 방 안에는 한쪽 벽이 작은 색인용 카드 파일로 덮여 있는 것 외에는 특이할 만한 것이라곤 없었다.
> 그 파일들은 도서관에서 흔히 볼 수 있는 제목과 저자와 주제어를 알파벳 순서대로 적은 것과 비슷했다. 하지만 이 파일들은 마루에서 천장까지 끝없이 펼쳐져 있었고 각기 다른 제목들이 붙어 있었다….

나는 내가 어디에 와 있는지를 분명히 알았다. 이 작은 파일만 있는 방은 내 인생을 있는 그대로 작성해놓은 도서관의 요람과도 같았던 것이다. 나 자신도 기억하지 못하는 나의 일거수 일투족의 모든 기록이 상세히 담겨 있는 방이었다.

두서없이 그 파일들을 하나씩 열고 그 안의 기록들을 살펴보면서 나는 경이로움과 호기심과 두려움으로 떨었다. 어떤 내용은 기쁨과 달콤한 추억을 가져다주었지만, 어떤 내용은 수치와 회한을 불러일으켜서 누가 어깨 너머로 보고 있는지 뒤를 돌아다보며 읽었다….

파일의 제목들은 다음과 같이 평범한 것들부터 노골적인 것들까지 다양했다. '내가 읽었던 책들.' '내가 했던 거짓말들.' '내가 했던 위로의 말들.' '내가 던졌던 농담들.' 어떤 제목들은 웃기기도 했다. '내 동생에게 내질렀던 말들.' 하지만 어떤 제목들에서는 웃을 수가 없었다. '내가 분노에 차서 했던 일들.' '부모님에게 들리지 않게 내뱉었던 말들.' 모든 글씨체는 내 필체였고 모든 파일마다 내 서명이 있었다.

'내가 들었던 노래들' 이라는 파일을 열었다가 부끄러워서 그대로 덮고 말았다. 내가 들었던 음악의 수준 때문이 아니라 내가 낭비했던 엄청난 시간들 때문이었다.

'음탕한 생각들'이라고 적혀 있는 파일까지 오자 내 등골에는 소름이 오싹 끼쳤다. 얼마나 목차가 긴지를 알아보고 싶은 생각도 없어서 파일을 살짝 열어보았는데… 그런 순간까지 다 기록되어 있다는 사실에 질려버렸다.

갑자기 내 속에서 거의 동물적인 분노가 치밀어올랐다. 내 마음에는 오로지 한 가지 생각밖에는 없었다. 아무도 이 파일의 내용을 봐서는 안 돼! 내가 없애버려야 해! 거의 제정신이 아닌 상태가 되어 나는 그 파일들을 끌어내리고 불살라버리려고 했다. 그러나 파일의 한 끝을 잡고서 바닥에 내동댕이를 치려는 순간, 나는 한 장의 카드도 파일에서 **빼낼** 수가 없다는 사실을 깨달았다. 거의 필사적이 되어서 나는 카드 한 장을 간신히 꺼내어 찢으려 했지만, 카드는 마치 강철처럼 단단했다.

완전히 무기력해진 나는 길고 긴 자기 연민의 한숨을 내쉬었다. 바로 그때 내 눈에는 '내가 복음을 전한 사람들'이라는 파일 제목이 들어왔다. 그 파일은 다른 파일에 비해 더 환했고 새 것이었으며 거의 사용하지 않은 듯했다.

그 파일을 열자 그 안에서 자그마한 상자 하나가 내 손 위로 떨어졌다. 한 손으로 나는 그 안에 담긴 카드를 세어보았다.

나는 통곡하기 시작했다. 흐느낌이 너무 깊은 나머지 내 속으로부터 통증이 전해져왔고 내 온 몸을 흔들었다. 나는 무릎을 꿇고 통곡했다. 수치심으로 인해 그리고 주체할 수 없는 엄청난 부끄러움으로 인해 통곡했다. 눈물로 젖은 내 눈에 늘어선 파일들이 춤을 추었다. 아무도 이 방의 존재를 알아서는 안 돼. 방문을 걸어 잠그고 열쇠를 감추어야 해.

눈물을 훔치는 순간에 나는 그분을 보았다. '안 돼. 제발, 이곳에 저분만큼은 안 돼. 예수님만은 절대로 안 돼.'

나는 예수님이 파일들을 여시고 카드를 읽기 시작하시는 것을 무기력하게 바라보았다. 예수님의 반응을 쳐다볼 수가 없었다. 간신히 눈을 들어 그분의 얼굴을 쳐다본 순간, 나는 내 슬픔보다 더 진한 슬픔을 그분에게서 보았다….

마침내 돌아서신 예수님은 방 저편에서 나를 보셨다. 나를 바라보는 그분의 눈에는 연민이 가득했다. 나는 머리를 떨군 채 양손으로 얼굴을 가리고는 또다시 울기 시작했다. 방을 가로질러 다가오신 그분은 나를 감싸 안으셨다. 하실 말씀이 많으셨을 텐데 한 마디도 하시지 않고 다만 나와 함께 울어주셨다.

그리고는 다시 일어나서 파일이 있는 벽 쪽으로 걸어가셨다. 벽의 한쪽 끝에서부터 파일을 하나씩 꺼내시고는 모든 카드의 내 서명 위에 자신의 서명을 하기 시작하셨다. "안 돼요!" 소리를 치며 나는 그분에게로 달려갔다. 그분에게서 카드를 빼앗으며 내가 외친 말이라고는 고작 "안 돼요" 뿐이었다. 이 카드에 그분의 이름을 적게 할 수는 없었다. 하지만 이미 그분의 이름은 너무나 선명하게, 너무나 생생하게 붉은 글씨로 적혀 있었다. 예수님의 이름이 내 이름을 덮어 씌여 있었던 것이다. 그분의 피를 잉크 삼아서 말이다.

그분은 내게서 가만히 카드를 가져가셨다. 슬픈 미소를 지으시며 계속해서 카드에 서명을 하셨다. 어떻게 그렇게 빨리 하셨는지는 알 수 없지만 바로 다음 순간에 이미 그분은 마지막 파일을 닫고서 내 곁으로 돌아오셨다. 그리고 내 어깨에 손을 올리시며 말씀하셨다. "이제 다 되었다."

나는 일어서서 그분의 뒤를 따라 그 방을 나왔다. 그 방에는 자물쇠가 없었고 아직도 빈 카드가 남아 있었다.7

하나님은 우리에게 화를 내지 않으신다. 우리에게 화가 난 것은 바로 우리 자신이다. "하나님의 용서는 받아들이겠지만 나는 나를 용서할 수 없어요"라고 말하는 사람들에게 나는 이렇게 말한다. "우주를 지으신 하나님이 당신을 용서하신다고 말씀하시는데 대체 당신이 누구길래 자신을 용서하지 않는다고 말하나요?" 하나님은 당신이 처한 상황을 아신다. 당신이 무슨 짓을 했는지, 그 결과가 어떠한지도 다 아신다. 그리고 하나님은 스스로를 파괴할지도 모르는 자기 혐오로부터 당신을 건져낼 수 있는 분이시다.

지금 당장 하나님의 말씀을 붙잡고 기도하는 것은 어떤가. "그러나 죄가 더한 곳에 은혜가 더욱 넘쳤나니"(롬 5:20).

제 **4** 장

앗, 또다시!

"또다시 그 같은 죄를 짓고는 하나님께로 갈 수가 없어요. 무엇 때문에 하나님이 나 같은 죄인을 다시 용서해주시겠어요?"

한 그리스도인 청년이 이렇게 말했다. 그는 잘 알지도 못하는 여성과 하룻밤 잠자리를 가진 후에 다시는 그런 짓을 하지 않겠다고 하나님께 맹세를 했었다. 그는 하나님께 용서를 구했고, 비록 그 기억으로 인해 고통은 받았지만 그의 양심은 최악의 고문을 멈춘 상태였다. 그런데 또다시 일주일이 채 지나기도 전에 그는 같은 죄를 저지르고야 말았던 것이다. '다시는 그 같은 짓을 결코 하지 않겠다'는 약속을 어겼다는 사실이 죄책감과 회한을 더 깊게 만들었다. 이제 그 청년이 깨닫게 된 것은 자기 스스로를 신뢰할 수 없다는 사실이었다. 그가 아는 자신은 같은 죄를 다시 저지를 것이 분명했다.

그렇다면 하나님은 우리를 몇 번이나 용서해주실 것이라고 생각하는가?

우리가 그리스도를 구세주로 모셔들이면 하나님은 우리의 모든 죄를 사하신다는 것을 알았다. 하지만 그리스도인으로서 우리가 전능하신 하나님과의 교제를 지속하려면 기억하는 죄를 자백해야만 한다. 죄의 자백은 우리가 정결한 양심을 가지고 하나님이 원하시는 대로 순종하면서 살도록 하기 위해서 우리 하나님 아버지가 요구하시는 훈련이다.

하지만 동일한 죄의 행위를 반복하는 것처럼 우리를 낙담시키는 것은 없다. 우리 모두는 하나님께 이번 딱 한 번만 용서해주신다면 다시는 그 같은 죄를 짓지 않겠다고 아뢰고 난 후에 또다시 같은 죄를 범한 적이 있을 것이다. 자신의 봉급을 노름에 송두리째 날리기 일쑤인 한 남자는 내게 이렇게 말했다. "저는 그리스도인이 되는 것을 잠시 유예하고 있답니다. 언젠가 제가 이 중독을 이기고 다시금 노름에 빠지지 않으리라는 자신이 생길 때 하나님과의 관계를 다시 맺고 싶습니다."

이번 장에서 말하고자 하는 것은 우리가 어떻게 동일한 죄의 행위를 반복하지 않을 수 있을까 하는 것이 아니다. 그 주제로는 다른 책 한 권을 쓸 수 있을 것이다. 내 목표는 그보다 겸허한 것이다. 내가 이야기하고자 하는 것은 우리가 마치 다람쥐 쳇바퀴를 돌듯이 또다시 같은 죄를 범하고 난 후에 몇 번이고 하나님께 용서를 구하는 것이 마땅한 것인가라는 주제다.

푸른 초장의 양 떼들

그리스도인으로서 우리들은 같은 죄를 반복하는 고통을 맛본 바가 있다. 신약 성경은 이런 싸움을 생생한 말로 이렇게 표현한다.

"육체의 소욕은 성령을 거스리고 성령의 소욕은 육체를 거스리나니 이 둘이 서로 대적함으로 너희의 원하는 것을 하지 못하게 하려 함이니라"(갈 5:17).

그리스도인인 우리의 영혼은 영과 육, 빛과 어둠, 선과 악이 서로 기선을 제압하려고 싸우는 전쟁터다. 좋은 소식은 우리가 그리스도를 우리의 구세주로 영접할 때에 우리의 가장 깊은 욕망이 변화됨으로써 우리가 이전에는 관심도 갖지 않던 것을 사랑하게 된다는 것이다.

이를 성경적으로 표현하면 이렇다. 양은 정결한 동물이라서 쓰레기 근처에는 가지 않으며 계속해서 자신을 깨끗이 하려고 한다. 실제로 양은 흐르는 물보다 고여 있는 물을 선호하는데 그 까닭은 자신의 털이 젖지 않고도 물을 마실 수 있기 때문이다. 한편, 돼지는 지저분한 동물이라서 쓰레기와 진흙을 마다하지 않는다. 당신이 돼지를 깨끗이 씻기고 연회복을 입혀서 오페라 극장의 로열석에 데리고 간다 해도 당신이 잠시 한눈을 파는 순간에 돼지는 자신을 더럽히는 방법을 찾아내고야 말 것이다. 그러나 만일 당신이 양의 본성을 돼지에게 심을 수 있다면 돼지는 180도 달라져서 진흙탕을 피해 초원에서 가장 푸른 곳을 향해 달려갈 것이다.

　이와 마찬가지로 우리가 '거듭나는' 순간에 하나님은 우리를 180도 변화시키셔서 우리의 욕망과 동기가 변하게 되는 것이다. 이전에는 쳐다보지도 않았던 사람을 사랑하기 시작할 것이다. 주님을 사랑하면 할수록 죄를 지음으로 주님을 상심케 한다는 사실이 우리를 더욱더 슬프게 할 것이다. 참으로 거룩한 삶을 향한 우리의 가장 큰 동기는 우리가 사랑하는 그분을 슬프시게 하고 싶지 않은 소망에서 나온다.

　그럼에도 불구하고 그리스도인인 우리도 죄를 지을 수 있고, 실제로 죄를 짓되 때때로 심각한 죄를 짓는다. 그러나 죄의 후유증으로 인해 겪는 '고통 요인'은 엄청나게 증가한다. 하나님 아버지의 뜻을 알면서도 거역하는 삶은 우리를 불행한 사람들로 만든다. 우리는 자신의 행위를 끔찍할 정도로 싫어하게 되며, 반복되는 죄는 우리에게 엄청난 부담이 된다. 그래서 불신자들이 저지르는 동일한 죄를 우리가 짓게 될 때 우리는 우리 자신의 정체성과는 반대의 행동을 하고 있음을 안다. 하나님의 아들들인 우리가 실상은 세상의 아들들처럼 살고 있음을 알게 되는 것이다.

　하지만 중요한 사실은 우리가 아무리 자주 죄를 짓는다고 해도 우리 아버지에게로 돌아가야 한다는 점이다. 우리는 우리의 실패가 하나님의 용서의 은혜와 우리 사이를 결코 가로막지 않도록 해야만 한다.

자백할 준비

죄를 지은 우리 앞에는 선택이 놓여 있다. 스스로에게 의존해서 실패를 극복하고 닥쳐올 결과가 무엇이든 간에 수용할 것인가? 아니면 돌아서서 아버지의 품으로 달려가 다시 한번 용서를 받을 것인가? 이 어리석은 행위로 용서를 구해야만 하는 순간이 이번이 마지막이 아닐 것을 알면서도 다시 아버지께로 돌아가야 하는가?

이 문제에 관한 한 그리스도인에게 다른 선택이란 없다. 할 수 있는 한 가장 재빨리 하나님 아버지께로 돌아가서 겸손하게 죄를 자백하는 것만이 우리가 해야 할 선택이다. 우리의 죄로 말미암아 하나님과 분리될 수는 없다. 오히려 죄로 인해 하나님께로 가까이 나아가야만 한다. 당신이 죄를 짓고 얼마나 지나서 아버지께 자백을 하는지 그 시간을 측정해보면 당신의 영적인 삶이 어떠한지를 판단해볼 수 있다.

우리는 이렇게 말한다. "주님, 똑같은 죄를 짓고 나서 어떻게 주님의 얼굴을 볼 수 있을까요?" 그러나 하나님은 이렇게 대답하신다. "무슨 죄? 너의 죄는 이미 안 보이는 곳으로 치워버렸다. 네 기억력이 내 기억력보다 좋은 게 분명하구나!"

죄가 곪아서 우리의 양심을 병들게 하지 않도록 조심해야 한다. 하나님께 불순종했음에 죄송한 마음을 가지고 서둘러 아버지께로 가야만 한다. 죄를 범하고도 겸손히 하나님께 용서를 구하러 가지 않는다면 하나님을 더욱 슬프시게 한다는 것을 알아야만 한다. 죄를 회개할 편리한 시간을 찾느라 지체하는 것보다 천 번 만 번이라도 아버지께 달려가는 편이 훨씬 더 나은 선택이다.

우리의 죄가 고의적이면 고의적일수록 우리는 하나님 아버지를 모욕하고 있음을 알아야 한다. 그렇다 하더라도 후회만 하고 있는 대신에 하나님과의 훼손된 관계를 회복시켜주실 것을 지체 말고 구해야만 한다. 알고 지은 죄는 더더욱 즉각적이고도 진심 어린 자백이 필요하기 때문이다.

하나님의 약속의 말씀을 다시 한번 기억해보자. "만일 우리가 우리 죄를 자백하면 저는 미쁘시고 의로우사 우리 죄를 사하시며 모든 불의에서 우리를 깨끗케 하실 것이요"(요일 1:9).

'우리 죄를 자백한다' 는 말이 뜻하는 바는 무엇인가?

자백한다는 의미는 우리가 하나님께 동의한다는 것을 뜻한다. 우리가 죄를 지었다는 것에 동의하는 것이다. 죄에 대한 책임이 우리에게 있다는 점에 동의하는 것이다. 또한 하나님이 우리의 죄를 제하실 수 있는 권리가 있다는 점에 동의하는 것이다. 자백이란 내가 자기 합리화를 하지 않고, 다른 사람의 탓으로 돌리지 않으며, 아무런 변명을 하지 않고 하나님께로 나아간다는 것을 뜻한다.

남미에 사는 한 여성이 빨랫감을 가지고 강가로 갔다. 그 강은 그 마을의 여인네들이 가족의 빨래를 세탁하는 곳이었다. 그녀는 자신의 더러운 빨랫감을 다른 사람들이 볼까봐 창피해서 빨래를 바구니에 담은 채로 강물에 몇 번 담궜다가 얼른 집으로 가지고 갔다. 종종 우리는 그 여성이 빨래하듯이 죄를 고백하지는 않는가? 우리의 죄를 낱낱이 구체적으로 열거하는 대신에 전체적으로 묶어서 죄를 인정하기를 선호하는 것이다. 하지만 하나님이 원하시는 것은 우리가 온전히 정직해지는 것이다. 그렇게 하기까지는 시간이 걸리고 엄청난 순종이 필요하다. 그러나 그런 정직함이 없이는 우리의 양심은 결코 평안함을 누리지 못할 것이다.

한 가지 위험한 생각은 우리는 왜 하나님이 우리를 용서하셔야만 하는지 그 이유를 우리 안에서 찾으려고 한다는 사실이다. 우리는 다음과 같이 생각하는 유혹에 빠지기 쉽다. '사실 나는 진짜 괜찮은 사람이야. 내가 한 일은 나빴지만 나보다 더 나쁜 사람들도 많아.' 혹은 이렇게 생각하기도 한다. '주일에 나는 훌륭하게 예배를 드렸잖아. 이는 내가 어쩌다가 그런 죄를 지었다는 것을 증명하는 거야.'

천만의 말씀이다. 우리는 남과 비교하지 말고, 자기 합리화도 하지 말고, 변명도 하지 말고, 다만 겸손히 주께 나아가야만 한다. 하나님 앞에 나아가 우리에게는 도무지 받을 자격이라고는 없는 은혜를 받아야만 한다.

그리고 죄를 자백하고 난 후에 이렇게 말해야만 한다. "하나님 아버지, 예수님은 제 의로움이 되십니다. 저는 죄인이니 저를 보지 마시고 예수님을 통해 저를 보십시오." 결국 이것이야말로 우리가 수천 번 죄를 범해도 하나님이 우리를 다시 받아주시는 이유이기 때문이다.

"위엣 것을 생각하고 땅엣 것을 생각지 말라 이는 너희가 죽었고 너희 생명이 그리스도와 함께 하나님 안에 감취었음이니라"(골 3:2-3).

우리가 그리스도를 우리의 구세주로 영접하면 하나님도 우리를 마치 자신의 아들인양 받아주신다. 예수님이 하신 선한 사역들은 우리가 한 선행으로 여겨지고, 예수님의 완전하심이 우리의 완전함이 되는 것이다. 자백이란 망가져서 회생불가능했던 하나님과의 관계가 예수님 때문에 온전히 회복이 되었다는 것을 다시 한번 감사함으로 인정하는 것이다.

그렇다면 우리가 짓고도 알지 못하는 죄는 어떻게 되는 것인가? 하나님이 기억나게 해주시는 죄마다 고백한다면 설령 우리가 기억하지 못하거나 깨닫지 못한다고 해도 사함을 받게 될 것이다. "저가 빛 가운데 계신 것같이 우리도 빛 가운데 행하면 우리가 서로 사귐이 있고 그 아들 예수의 피가 우리를 모든 죄에서 깨끗하게 하실 것이요"(요일 1:7).

계속해서 자백하는 것이야말로 계속해서 하나님과의 교제를 유지하는 지름길이며, 그리스도인으로서의 삶과 경험에서 우리가 계속해서 성장해나가는 지름길이다. 매 순간 하나님 아버지와 계산을 잘 하는 것은 하나님을 향한 우리의 사랑과 존경의 표시인 것이다. 하나님이 우리의 죄를 진지하게 여기시기 때문에 우리도 그렇게 하는 것이 마땅하다.

우리가 아무리 중한 죄를 지었다고 할지라도 우리는 다시, 또다시 하나님께로 돌아가기를 망설여서는 안 된다. 그럴 때마다 우리를 도우시는 용서와 은혜의 손길을 경험하게 될 것이다. 하나님 마음의 은혜는 우리 과거의 죄를 덮고도 남는다. 스펄전은 이렇게 표현했다. "하나님은 내가 죄지을 준비가 된 것보다 더 빨리 내 죄를 용서할 준비를 하고 계시는 분이시다."

경고의 메시지

그렇다면 하나님은 우리를 기꺼이 용서할 준비가 되어 계시니 우리는 죄를 지어도 괜찮을까?

"만일 제가 큰 죄를 짓는다면 저는 크게 용서를 받을 것이고 하나님의 은혜를 크게 말할 수 있지 않나요?" 유부녀와의 간통을 정당화하려 애쓰던 한 젊은이의 입에서 나온 말이었다. 그 청년은 자신이 죄를 지은 사실은 알고 있었지만, 그 죄를 당장 그만둘 이유를 찾지 못했던 것이다.

우리가 하나님의 자비하심을 믿고 죄의 유혹에 넘어간다면 우리는 하나님의 은혜를 고의로 악용하는 위험에 빠지게 된다. 감사하게도 하나님은 죄를 지은 우리에게 다시금 관계를 회복하자는 초대장을 보내주시지만, 이러한 하나님의 은혜를 근거로 우리가 죄를 가볍게 여겨도 좋다고 추정하는 것은 조심해야 한다.

사도 바울은 은혜에 대해 가르칠 때 그리스도인들은 죄를 지어도 괜찮다는 면죄부를 줄 수도 있다는 위험을 경계했다. 그가 두려워했던 것은 용서가 공짜인만큼 죄를 짓는 것을 별로 염려하지 않아도 된다는 사람들의 주장이었다. 아내를 두고 바람을 피운 남자가 이렇게 말한 것처럼 말이다. "물론, 하나님은 저를 용서하시지요. 그게 그분의 할 일 아닙니까?" 이처럼 어떤 사람들은 하나님의 풍성하신 은혜를 악용하려고 할 것이다. 그렇다고 해서 우리가 은혜를 축소해서는 안 된다. 오히려 우리의 삶에서 은혜란 어떤 의미인가를 이해해야 한다.

바울은 이렇게 말했다. "형제들아 너희가 자유를 위하여 부르심을 입었으나 그러나 그 자유로 육체의 기회를 삼지 말고 오직 사랑으로 서로 종 노릇하라"(갈 5:13). 은혜로 인해 우리는 죄를 짓고 싶은 욕망보다도 더 크게 그리스도를 향한 열정을 우리 속에서 창조해야만 한다. 은혜를 진정으로 이해하게 될 때 우리는 하나님과 동행함에 있어서 무관심이 아닌 거룩함의 열정을 갖게 될 것이다. 모든 좋은 아버지들이 그러하듯이 우리가 곁길로 갈 때에 하나님은 우리를 연단하신다. 하나님은 우리로 하여금 죄의 결과를 맛보게 하실 뿐만 아니라, 성령님을 통해 우리가 방황을 멈추고 우리의 순종을 기다리시는 아버지께로 돌아가야 함을 상기시켜주시는 것이다.

우리가 하나님의 은혜를 악용한다면 심각한 결과가 우리를 기다리고 있을 것이다.

> "스스로 속이지 말라 하나님은 만홀히 여김을 받지 아니하시나니 사람이 무엇으로 심든지 그대로 거두리라 자기의 육체를 위하여 심는 자는 육체로부터 썩어진 것을 거두고 성령을 위하여 심는 자는 성령으로부터 영생을 거두리라 우리가 선을 행하되 낙심하지 말지니 피곤하지 아니하면 때가 이르매 거두리라"(갈 6:7-9).

하나님은 우리가 행하는 것마다 그에 상응하는 특정한 결과를 정해놓으셨다. 만일 우리가 우리 자신을 섬기기로 한다면 그에 따른 일련의 결과를 거둘 것이고, 만일 우리가 하나님을 섬기기로 작정한다면 또 다른 일련의 결과를 거두게 될 것이다.

초보 농사꾼이라도 다 알듯이 우리는 심는 대로 거둔다. 우리가 정욕을 불러 일으키는 관능적인 텔레비전 쇼를 본다면 육체를 위하여 심는 것이다. 우리가 갈등을 해결하는 방법으로 분을 낸다면 우리는 육체를 위하여 심는 것이다. 돈이 우리의 가치관과 삶의 양식을 좌지우지한다면 우리는 육체를 위하여 심는 것이다. 한 가지 기억해야 할 사실은 죄의 자백과 용서가 있다고 해서 우리가 뿌린 씨의 수확이 달라지는 것은 아니라는 점이다. 우리가 죄를 자백했다고 해도 어떤 씨는 쓴 열매를 가져오는 것이다.

불행하게도 우리가 죄를 짓게 되면 대부분의 결과는 드러나지 않은 채 어딘가에 숨어 있다. 하지만 뿌릴 때가 있으면 거둘 때가 있는 법이다. 몇 가지는 분명하다. 첫째, 죄에는 삯이 있다. 둘째, 죄는 삯을 지불한다. 셋째, 죄의 대가는 반드시 지불해야 한다(로마서 6장 23절을 보라). 육신의 종말이 오는 순간에 우리는 반드시 어떤 종류의 수확을 거둘 것이다.

왜냐하면 뿌린 씨의 수확은 불가피한 것이기 때문이다.

> "그런즉 가라지를 거두어 불에 사르는 것같이 세상 끝에도 그러하리라 인자가 그 천사들을 보내리니 저희가 그 나라에서 모든 넘어지게 하는 것과 또 불법을 행하는 자들을 거두어 내어 풀무 불에 던져 넣으리니 거기서 울며 이를 갊이 있으리라 그 때에 의인들은 자기 아버지 나라에서 해와 같이 빛나리라"(마 13:40-43).

우리가 작년에 거둔 수확은 바꿀 수 없을지도 모른다. 그러나 지금 좋은 씨를 뿌린다면 우리는 내년에 좋은 수확을 거둘 수 있다. 우리는 하나님 아버지와의 관계를 보다 강건하게 하는 연단을 해야만 한다. 우리가 우리의 삶 속에 하나님을 동기부여의 원천으로 삼고, 하나님을 예배하는 것을 우리 마음의 열정의 근원으로 삼는다면 성령을 위하여 심는 것이 된다. 우리가 성경을 읽고 하나님의 백성들을 만난다면 성령을 위하여 심는 것이 된다. 우리가 우리의 삶을 향하신 하나님의 뜻에 온전히 순복한다면 성령을 위하여 심는 것이 된다.

우리가 육체의 소욕으로부터 돌아서서 우리를 기다리시는 아버지의 품으로 뛰어간다면 우리 하나님 아버지는 형편없는 자녀라도 결코 버리지 않는 분이심에 감사를 드리게 될 것이다.

제 5장

나로 인해 상처받은 사람들과 화해하기

"하나님도 결코 나를 어쩌지는 못하실 걸요!"

이 말은 한 그리스도인이 자신의 카운슬리로부터 자신을 겸손히 낮추고 자녀들에게 용서를 구하라는 조언을 들은 후에 내뱉은 말이었다. 성격이 불 같은 그 남자는 오랫동안 거칠고 일관성 없는 양육을 통해 자녀들에게 깊은 상처를 남겼던 것이다. 처음에 그 남자는 용서를 구하라는 말에 그렇게 하는 것은 자신의 약함을 드러내는 것이라며 저항했다. "진짜 사나이들은 그런 계집애 같은 짓은 하지 않는단 말이오!" 그는 이렇게 항변했다. 그럼에도 불구하고 결국 하나님은 그를 '어찌' 하셨다. 그가 자녀들과 화해했을 때 아버지께 가장 심하게 반항을 했던 장남조차도 흐느끼는 아버지를 포옹했다.

이것이 바로 사랑으로 충만하고 겸손한 자백의 능력이다.

죄는 항상 우리를 분리하지만 은혜는 항상 우리를 연합시킨다.

하나님의 용서를 받은 사람이라면 누구나 자신이 잘못을 저지른 사람과 화해하고 싶은 마음을 갖게 된다. 화해하고자 하는 마음은 원래 하나님의 본질이기에 하나님과 화해를 한 사람들은 다른 사람들과도 화해를 구하게 되는 것이 당연한 것이다. 사실, 다른 사람들과의 교제를 갈망하지 않고서는 하나님과의 진정한 교제 가운데 있는 것이 불가능하다. 우리가 마음으로 하나님의 역사하심을 더 깊이 체험하면 할수록 화해를 향한 우리의 갈망은 더욱 깊어지는 법이다.

결국, 하나님의 자녀들로서 우리는 한 가족이다. 원래 아무런 상관 없는 사람과의 관계가 어그러지는 것보다 가족 사이의 관계가 어그러지는 것이 더 견디기 힘든 법이다. 그리스도 안에서 형제와 자매 된 우리가 한 가족 안에서 서로 반목하고 쓴 물이 끓어올라서 갈래갈래 나뉘었을 때보다 더 우리의 가슴을 아프게 하는 일은 많지 않다.

어떤 교회에 두 형제가 있었는데 그들은 사소한 말다툼을 한 이후로 20년 동안 서로 한 마디도 하지 않고 지냈다. 교회를 출입할 때도 각기 다른 문을 이용할 정도였다. 마침내, 한 명이 먼저 다가가 용서를 구했다. 목사님은 두 사람을 교회 지하실로 데리고 갔고, 상담을 하는 동안 교회 집사들은 모여서 기도를 했다. 용서를 하는 과정은 어려웠지만 두 사람은 결국 서로를 진심으로 용서했다. 그 다음 주일날, 그들은 이중창으로 특송을 불렀다. 그리고 많은 교인들 앞에서 간증을 했다. 하나님은 두 형제의 화해를 사용하셔서 전교인의 영적 각성을 일으키셨다. 그리고 도미노 현상처럼 그 인근의 다른 교회로 영적 부흥의 불길이 퍼져나갔다.

이처럼 때때로 용서를 구하는 것은 전혀 예상하지 못했던 결과를 낳기도 한다.

한 남자는 자신의 아내와 이혼을 한 후에 함께 간통을 저질렀던 여성과 결혼을 했다. 몇 년이 지나서 재혼한 부부 사이에는 여러 명의 자녀가 생겼고, 그 남자는 자신이 암에 걸린 것을 알게 되었다. 자신의 죽음이 멀지 않았다는 것을 안 남자는 용기를 내어 오래 전에 했어야 하는 일을 하기로 했다. 전 아내에게 자신이 하나님과 그녀에게 저질렀던 죄를 용서해달라고 빌었던 것이다. 그의 현재 아내는 정신 건강에 문제가 생겨서 자녀들을 돌볼 수 없었다. 그러자 전 아내는 그를 용서해주었을 뿐만 아니라 그 자녀들을 입양해서 마치 친자식처럼 사랑해주었다. 전 아내는 이렇게 말했다. "저는 그 아이들을 하나님이 제게 주신 선물이라고 생각합니다. 그래서 예수님이 저를 받아주셨던 것처럼 그 아이들을 받아들입니다."

이것이 바로 용서의 능력인 것이다.

바울이 말했다. "나도 하나님과 사람을 대하여 항상 양심에 거리낌이 없기를 힘쓰노라"(행 24:16). 우리 모두는 사람들의 눈을 마주보며 그 사람과 화해하기 위해서 우리가 할 수 있는 한 모든 것을 했다는 것을 확인할 수 있어야 한다. 거리낌 없는 양심이야말로 우리가 구해야 하는 가장 귀한 보물인 것이다. 그 값이 아무리 비싸다고 해도 말이다. 진정으로 헌신된 그리스도인이라면 다른 사람과 좋은 관계를 가지려는 최선의 노력 없이는 하나님과도 좋은 관계를 유지할 수가 없다는 사실을 잘 안다.

그래서 이 질문들을 던짐으로써 스스로를 점검해보는 것이 중요하다. 나는 죄를 저지른 후에 누구에게 사과를 하는가? 무슨 말을 하는가? 나는 죄를 범한 후에 어떻게 하는가?

이제 당신의 차례다

우리는 먼저 잘못을 행한 사람에게 죄를 자백해야만 한다. 당신과 다른 사람 사이에 금이 갔다고 가정해보자. 그리고 그렇게 되기까지 당신의 잘못은 20퍼센트 정도이고, 상대방의 잘못이 80퍼센트라는 확신을 갖고 있다고 하자. 당신은 자연스럽게 이렇게 생각할 것이다. 잘못이 더 많은 상대방이 당신에게 먼저 관계 회복을 위해 손을 내밀어야 한다고 말이다. 하지만 나는 이렇게 말하고 싶다. 당신은 당신 몫인 20퍼센트를 마치 100퍼센트인 양 생각해야 한다. 크든 작든 간에 당신은 당신 몫을 해결해야 할 책임이 있기 때문이다.

당신이 먼저 자백하는 것이 상대방이 건너올 수 있는 다리가 되어서 상대방이 이어서 당신에게 용서를 구할지도 모를 일이다. 종종 잘못된 것을 바로잡으려는 우리의 노력이 상대방의 영혼을 만져서 그도 같은 노력을 하도록 만들어주기도 한다. 중요한 것은 상대방의 반응에 상관없이 우리가 먼저 첫발자국을 뗄 용의가 있어야 한다는 사실이다. 상대방이 어떻게 하던지 우리가 먼저 우리의 계산을 정리해야만 하는 것이다. 작은 잘못을 하고도 마치 전적으로 내 탓인 것처럼 여길 때 상대방을 하나님께 맡기고 그 사람에 대한 책임을 우리가 지지 않는 것이다.

또한 우리가 잘못을 고백할 때 만약이라는 단어를 사용해서는 안 된다. 이렇게 말하지 말라. "만약 제가 상처를 드렸다면…." 자신이 뭘 잘못했는지 분명히 알면서도 상황을 오판했을 수도 있는 척 가장하지 말라. 그저 단순하게 말하라. "제가 상처를 드렸기에 용서를 구하러 왔습니다." 그런 후에 무엇을 구체적으로 잘못했는지를 밝히고 그 문제에 한 점 의혹을 남기지 말아야 한다. 그리고 이렇게 말하는 것이다. "마음으로부터 저를 용서해주시기 바랍니다."

이제 우리가 듣고 싶은 말은 "네, 당신을 용서합니다"라는 말이겠지만 대부분의 경우에 사람들은 용서에 관한 직접적인 언급을 회피하고 싶어한다. 아마도 사람들은 이렇게 말할 것이다. "별일도 아니었는데." 이 말에 만족해서는 안 된다. 잠시 간격을 두고 이렇게 말하라. "제게는 큰 일이었습니다. '당신을 용서합니다' 라는 말을 듣고 싶습니다."

우리가 기억해야 할 것은 사람들은 종종 용서하기를 꺼려한다는 점이다. 왜냐하면 당신을 용서하고 돌아서는 그들에게는 이제 자신의 잘못을 해결해야 하는 썩 기분 좋지 않은 일이 남게 되기 때문이다. 그것은 마치 먼저 매를 맞고 난 사람의 뒤에서 그 다음 순서를 기다리는 심정과도 같은 것이다.

만일 그가 "용서할 수 있을지 잘 모르겠습니다"라고 한다면 준비가 되면 알려달라고 말하라. 만일 그 사람에게서 아무런 기별이 없다면 적어도 당신이 저지른 잘못에 대해 당신이 해야 할 몫은 다 했음에 자족하면 된다. 그것을 알면 당신의 양심은 평안에 거할 수 있기 때문이다.

자백의 대상

우리의 자백은 우리의 죄에 정비례한다. 대부분의 경우에 만일 당신이 잘못을 한 대상이 한 사람이라면 그 사람에게만 가면 되는 것이다. 만일 교회의 돈을 도둑질했다면 그 교회의 리더에게 죄를 자백해야 한다. 만일 당신이 돈을 횡령했다면 그 대상이 아무리 많다고 하더라도 잘못을 행한 모든 이들에게 자백을 해야 한다.

간음한 남편은 자기 아내에게 죄를 자백할 필요가 있는가? 물론이다. 간음한 아내가 자기 남편에게 죄를 자백할 필요가 있는 것과 동일한 이치다. 혼인의 결합이라는 측면에서 볼 때 성적인 부도덕이란 간음한 대상에게도 죄를 범한 것이고 동시에 신뢰를 깨어버린 배우자에게도 죄를 범한 것이다. 이런 경우에는 목사나 전문 상담가의 도움을 받아 죄를 자백하는 것이 좋다.

대부분의 경우에 우리가 품는 생각까지 자백할 필요는 없다. 만일 내가 상대방에게 화가 나 있고, 상대방은 이를 눈치 채지 못했다면 화를 품었다고 자백할 필요는 없다. 만일 한 남성이 어떤 여성에게 음욕을 품었더라도 어떠한 상황에서도 자신의 생각을 그 여성에게 자백해서는 안 된다. 왜냐하면 그런 자백은 오히려 두 사람 사이에 더 깊은 욕망을 자극할 수도 있기 때문이다. 마음의 죄는 하나님만이 다루시도록 하는 것이 언제나 최상의 방법이다.

우리가 오래 전에 저지른 죄에 관해서도 자백해야만 할

까? 한 가지 물어보자. 만일 한 친구가 500만 원을 떼먹었다면 이를 잊어버리는 데 얼마나 오랜 세월이 필요할까? 1년? 10년? 사랑했던 사람이 당신에게 거짓말을 한 것을 얼마나 오랫동안 기억하고 있는가? 용서와 화해가 없는 한 우리는 그런 기억들을 무덤까지 가지고 갈 것이다. 악한 행위에 관한 한 세월이 약이란 말은 틀린 말이다. 용서만이 우리가 잊을 수 있도록 돕는 처방인 것이다.

한 여성이 이렇게 물었다. "제가 25년 전에 했던 거짓 맹세를 자백해야 하나요?" 거짓 맹세는 심각한 죄의 행위다. 지옥은 거짓말쟁이로 가득하다고 하나님이 말씀하시지 않았는가? 그러나 25년이란 긴 세월이 흘렀고, 상황은 아마도 많이 변했을 것이며, 관계된 모든 사람들에게 일일이 '자백'한다는 것은 불가능한 일일지도 모른다. 사람에게 죄를 자백하는 것은 도움이 되지만 때때로 우리는 이 상황을 어떻게 해결해야 하는지 지혜를 달라고 하나님께 기도해야 할 때가 있다.

대가를 계수하기

마침내 어려운 부분까지 왔다. 화해에는 보상이 따르기

마련이다(누가복음 19장 8절을 보라). 성령님이 우리의 심령에 우리가 저지른 죄를 일러주실 때 화해를 하기 위해서는 대가를 지불해야 함을 깨닫기도 한다.

한 건축업자가 내게 4년 동안 집을 지으면서 저가의 건축재를 사용해 부실 공사를 했노라고 고백했다. 집주인에게는 비싼 자재를 사용하겠다고 약속을 하고서는 실제로는 싼 자재를 사용해왔다는 것이었다. 이제 갑자기 하나님이 그의 영혼을 비추셨다. 그 사람의 곤란한 처지를 한번 상상해보라. 그는 다음의 어려운 질문에 답해야 하는 순간에 직면했던 것이다. 대가가 무엇이든지 간에 하나님이 내게 요구하시는 것이라면 기꺼이 할 각오가 되어 있는가?

하나님을 기쁘시게 해드리고 싶다는 갈망이 커짐에 따라 그 건축업자는 저축을 몽땅 털고 집을 저당잡혔다. 그러고 나서는 해당되는 모든 집주인들에게 돈을 돌려주었던 것이다. 내가 그에게 물었다. "그렇게까지 할 만큼 가치 있는 일이었습니까?" 그는 이렇게 대답했다. "마지막 한 푼까지도요!"

근로자 보상 지원서에 거짓을 기록했던 남자가 있었다. 그는 사냥을 하다 사고를 당해놓고는 근무중에 부상을 당했다고 거짓말을 했던 것이다. 그가 살아 있는 한 매달 그는 거짓말에 의한 보상금을 받는다. 사실을 말하고 바로잡아야 하지 않겠냐고 말하자 그는 이렇게 대답했다. "댁이 보기에 내가 사실대로 말하고 감옥에 갈 정도로 어리석어 보이슈? 어쩌다보니 그렇게 된 일이니 그대로 받아들이고 사는 수밖에요." 그러나 거짓에 기초한 돈을 계속 받으면서 어떻게 그대로 살 수 있다는 말인가? 매일 하나님을 상심케 하고 있다는 사실을 알면서 사는 것보다는 차라리 깨끗한 양심으로 감옥에 가는 편이 더 낫지 않겠는가?

한 남자에게 있어서 화해를 한다는 것은 곧 종신형을 의미하는 것이었다. 존 클레이풀(John Claypool)은 1975년 그가 십대 소년이었을 때 단지 '사람을 죽이는 것이 어떤 것인지 알기 위해서' 살인을 저질렀다. 그는 용의선상에 올랐으나 살인자로 지목되지는 않았다. 나중에 결혼을 하고 자녀를 갖게 되자 그는 자신의 비밀을 무덤까지 가져가야 한다고 생각했다.

그러나 존은 그리스도를 자신의 구세주로 영접하게 되었고, 자신이 해야 할 일이 무엇인지를 알았다. 살인을 저질렀던 때로부터 22년이 지난 1997년에 존은 자수를 했고 감옥에 갔다. 후에 그는 이렇게 고백했다.

역시 하나님은 저를 지키시겠다는 약속에 신실하셨습니다. 진실을 고백하는 순간, 비록 저는 법적으로는 영어의 몸이 되었지만 제 생애 처음으로 하나님 앞에서는 자유로운 몸이 되었습니다. 죄의 무게가 제 어깨에서 사라지던 그 순간의 기분을 어떻게 표현해야 좋을지 모르겠습니다. 주님은 한때 불순종의 자식이었던 저를 사랑의 품 안으로 받아주셨습니다. 약속에 신실하신 하나님이 제가 넘어지지 않도록 지켜주셨던 것입니다. 이전에는 알지 못했던 놀라운 평안이 제 영혼에 찾아왔습니다. 저는 강력범 수용소에 갇혀 2급 살인범으로 형을 살고 있지만 제 삶은 그 어느 때보다도 더 자유롭고 평안합니다.[8]

내 친구 중 하나가 미국 시민권을 얻기 위해서 문서를 위조했다고 고백하며 이렇게 말했다. "만일 내가 사실대로 신고하면 우선은 감옥에 가게 되고, 그 다음에는 정치적인 보복이 기다리고 있는 내 모국으로 추방당할 테지."

이럴 경우에 그는 어떻게 해야 하는가?

이런 질문은 다른 질문으로만 답을 얻을 수 있다. 당신은 푸른 하늘같이 맑은 양심을 갖기를 얼마나 간절히 원하는가?

만일 당신이 그리스도와 함께 영광 중에 영원히 거하는 것을 선택한다면 당신이 지금 당장 어떠한 평화를 구할 것인지 알 것이다. 그렇다고 해서 이땅에서 당신의 삶에 어려움이 없다는 것을 의미하지는 않는다. 예수님은 전심으로 그를 따르는 사람들이 가는 길에는 고난이나 심지어는 죽음까지도 기다리고 있다고 가르치지 않으셨던가. 디트리히 본훼퍼(Dietrich Bonhoeffer)가 한 말을 기억하자. "그리스도가 사람을 부르실 때는 그에게 와서 죽으라고 명령하시는 것이다."[9] 우리는 그리스도를 따르기 위해 모든 것을 버려야만 한다.

우리가 용서할 때보다 더 하나님을 닮는 때는 결코 없다. 그리고 우리가 용서를 구할 필요가 있음을 깨달을 때보다 더 인간적일 때는 결코 없다. 당신의 관계 가운데 적대감이나 반목이 있다면 바로 지금 화해를 위한 첫발자국을 내디딜 것을 권한다. 때때로 가장 하기 어려운 일이 가장 최선의 선택이기도 하다.

만일 용서를 구했으나 상대방이 용서하지 않을 경우는 어떻게 할 것인가?

다음 장을 계속해서 읽어보라.

제 **6** 장

용서받지 못할 때

한 미식축구 코치가 이혼한 아내로부터 친구 집에 있는 두 살배기 딸을 데려다달라는 부탁을 받았다. 차에 태우자마자 어린 딸은 곯아떨어졌고, 이 코치는 여러 가지 잔무를 처리하느라 여기저기를 다녔다. 그리고는 미식축구 연습장으로 차를 몰고 가서는 뒷좌석에 딸이 자고 있다는 사실을 깜빡 잊은 채 연습에 몰두했다. 두 시간이 지나 차로 돌아온 그는 영원히 잊지 못할 공포에 치를 떨어야 했다. 8월 한낮의 열기에 어린 딸이 차 안에서 질식사한 것이었다.

그는 아내에게 용서를 구하지도 않았다. 아내는 이미 다른 여러 가지 이유로 그를 증오하고 있던 터였기 때문이다. 용서를 빌어봤자 비난과 증오의 말만 돌아올 것이 뻔한 상태에서 용서를 구하는 것은 아무런 소용이 없었다. 게다가 그는 용서를 구한다는 것은 자신이 저지른 끔찍한 잘못을 별 것 아닌 것으로 만드는 것이라고 믿었다. 사랑하는 딸을 사고로 잃는다고 해도 가슴이 미어질 판에 자신의 부주의로 딸을 질식사시켰다는 사실은 도저히 용서나 화해하고는 거리가 먼 중죄라고 생각했다.

다른 사람이 우리를 용서하지 않는다면 어떻게 해야 하는가?

앞서 말했듯이 그럼에도 불구하고 우리는 화해의 과정에서 우리가 먼저 해야 하는 몫을 기꺼이 감당해야 한다. 상대방이 받아들이지 않더라도 사과해야 한다. 그러나 상한 관계를 바로잡을 수 없을 때도 있다. 바로 이런 경우다. 한 남자가 감옥에서 내게 편지를 보내왔다. 그는 네 명의 여성을 강간했고 그들의 삶을 망쳐버렸다고 했다. 그 이후 그는 하나님이 자신을 용서하신다는 사실을 받아들였지만, 자신이 네 사람의 인생을 망쳐버린 것과 자신의 힘으로는 그것을 원상복구할 수가 없다는 사실을 평생 벗어날 수 없을 거라고 했다.

다행히 대부분의 경우는 불가능해 보이더라도 우리가 노력함으로 어느 정도는 관계를 회복할 수 있을 때도 있다. 관계를 회복하기 위해 우리가 할 수 있는 모든 노력을 하고 난 후라면 우리는 인생의 여정을 계속해서 걸어가야 한다. 각자에게 주어진 인생의 길을 계속 가야 하는 것이다. 다른 사람들과 좋은 관계를 갖기 위해 노력함으로 우리는 예수님을 닮아가는 기회를 갖게 된다. 예수님도 자신을 부당하게 다루었던 모든 사람들과 모든 것을 정산할 필요를 느끼지 않으셨다. 대신에 공의로 심판하시는 최고 재판장에게 모든 것을 맡기셨던 것이다(베드로전서 2장 21-23절을 보라). 예수님은 결국에는 아버지가 모든 것을 하늘 재판정의 저울에 올리실 것을 알고 계셨다.

영원한 관점

그렇다면 우리의 잘못을 사람들이 용서하지 않을 때 우리는 어떻게 해야 하는가? 우리의 사과가 단지 우리 자신의 유익을 위하고 죄책감을 덜려는 인사치레로 해석이 될 때 우리는 어떻게 해야 하는가? 우리가 저지른 과거의 잘못으로 말미암아 깨어진 관계를 도저히 회복할 수 없을 때 우리는 어떻게 해야 하는가?

먼저, 우리는 소망을 버려서는 안 된다. 우리와 관계가 깨어진 사람들의 삶 속에 하나님의 축복이 임하도록 계속해서 기도해야 한다. 서로 대면한 적은 없었지만 함께 남미를 섬기는 두 선교사가 결국 각기 다른 길로 가게 되었다. 그들은 서로에 대한 불신과 함께 자신만이 옳다는 생각에 사로잡혀 있었다. 둘 사이에 진정한 화해란 불가능한 것처럼 보였다. 그러나 때때로 시간과 기도의 힘은 상처를 치유하고 우리에게 필요한 관점을 제공해주기도 한다. 오늘날 두 선교사는 서로를 용서했을 뿐만 아니라 절친한 친구가 되었다.

둘째, 우리의 사과가 일축될 때 가능하다면 우리는 우리가 잘못을 저지른 상대방에게 이렇게 말해야만 한다. "지금 저를 용서하시지 못한다는 것을 압니다. 하지만 언제쯤이면 저를 용서하실 수 있는지 말씀해주십시오. 세월이 흘러 저를 용서하실 수 있는 때가 있으리라는 것을 아는 것은 제게 매

우 중요합니다."

셋째, 우리는 이 모든 문제를 예수 그리스도의 어깨 위로 올려놓을 수 있어야 한다. 우리가 질 수 없는 짐이라도 그분은 지실 수 있기 때문이다. 무너진 관계에 대한 슬픔으로 인해 당신이 하나님의 은혜가 절실히 필요한 존재라는 점을 기억하는 것은 좋은 일이지만, 그 슬픔으로 인해 인생이 끝났다고 생각하며 모든 것을 접을 필요는 없다. 관계된 모든 사람과 화해하지 않으셨다고 해서 예수님이 실패하신 것은 아니지 않은가.

두 그리스도인이 해변가의 낡은 집을 한 채 사서 수리를 한 후에 되팔아 이윤을 남기기로 했다. 둘 중 한 사람이 집을 샀고, 나머지 한 사람은 그 집을 수리하기 위해 필요한 수백만 원어치 자재를 자신의 신용 카드로 샀다. 물론 나중에 그 비용을 다 돌려받을 것으로 기대하면서 말이다. 하지만 집 수리가 끝난 뒤에도 그 집은 팔리지가 않았다. 신용 카드 회사에 빚을 잔뜩 지게 된 남자는 당장 자재값을 돌려달라고 졸랐고, 융자를 받아 집을 산 남자는 돈이 없으니 집이 팔리게 되면 갚아주겠노라고 했다.

두 사람의 관계는 그 집으로 인해 깨졌다. 문제를 해결하는 방법에 서로 다른 견해를 가졌던 것이다. 이처럼 선한 동기로 시작한 관계라도 악화될 소지가 많은 법이다. 그러므로 우리가 할 수 있는 최선을 다한 후라면 하나님이 그분의 방법으로 이 문제를 해결하시리라는 믿음을 가져야만 한다. 해결의 시점이 현재의 삶에서든, 아니면 다가올 영원한 삶에서든 말이다.

때때로 우리는 관계의 종말까지도 받아들여야만 할 때가 있다. 하늘을 우러러 최선을 다해서 관계를 회복하려고 노력했다 하더라도 이 타락한 세상에서 우리의 노력이 항상 성공을 거두는 것은 아니기 때문이다. 남편의 무심함으로 사랑하는 딸을 잃어버린 아내는 아마 남편을 용서하지 못할지도 모른다. 강간의 희생자들은 비록 가해자가 용서를 구한다 하더라도 결코 그를 용서하지 않을지도 모른다.

그러므로 우리는 결국 하나님이 모든 것을 빛 가운데로 가져오신다는 것을 아는 믿음 안에서 위로를 구해야 한다.

> "그러므로 때가 이르기 전 곧 주께서 오시기까지 아무것도 판단치 말라 그가 어두움에 감추인 것들을 드러내고 마음의 뜻을 나타내시리니 그 때에 각 사람에게 하나님께

로부터 칭찬이 있으리라"(고전 4:5).

그리스도의 심판대 앞에 서는 날, 믿는 자들의 해결되지 않은 모든 일들이 심판을 받게 될 것이다. 불신자들에게는 그들이 지은 죄의 전부를 영원히 스스로 지는 벌이 내려질 것이다. 결국 공의가 행해질 것이며, 형벌은 가장 엄격한 기준에 따라 내려질 것이다. 우리는 하나님의 진실되고도 의로우신 심판을 영원히 찬송하게 될 것이다.

인간의 법정에서는 '판정 유예는 판정 기피'라는 말이 맞을 수도 있다. 그러나 하나님은 결코 증거를 잃어버리는 분이 아니시며, 세월이 흐른다고 자신의 증거를 훼손하실 분도 아니시다. 그것이 우리가 하나님의 의로우신 판결을 마지막 심판의 날까지 기다릴 수 있는 이유다. 무너진 관계를 회복하기 위해 모든 노력을 아끼지 않은 후라면 우리는 스스로 문제를 해결하겠다는 욕심으로부터 자신을 떼내어야만 한다. 오히려 판결을 하나님께 미루어놓고 결국에는 모든 셈이 바로 될 것이라고 믿어야 한다.

죽음이 코앞에 닥쳤지만 다윗 왕은 여전히 망가진 관계를 회복하지 못한 상태에 있었다. 밧세바와의 간통을 숨기려고 우리아를 죽인 후에 다윗은 하나님께 용서를 구하고 사함을 받았다. 하지만 그의 눈물로도 밧세바의 정결함은 회복시킬 수 없었고, 그의 회한으로도 죽은 우리아를 되살려낼 수 없었다. 밧세바가 궁으로 들어오자 다윗의 처첩들은 다윗의 밧세바에 대한 편애로 인해 분노했다. 다윗의 아들들은 대부분 아버지의 부도덕한 위선으로 인해 그를 경멸했다.

자신이 저질렀던 잘못을 되돌려놓을 수 없음을 알면서도 다윗은 하나님 안에서 기뻐했다.

그의 기도를 들어보라.

> "나로 즐겁고 기쁜 소리를 듣게 하사
>
> 주께서 꺾으신 뼈로 즐거워하게 하소서
>
> 주의 얼굴을 내 죄에서 돌이키시고
>
> 내 모든 죄악을 도말(塗抹)하소서
>
> 하나님이여 내 속에 정한 마음을 창조하시고
>
> 내 안에 정직한 영을 새롭게 하소서…
>
> 주의 구원의 즐거움을 내게 회복시키시고
>
> 자원하는 심령을 주사 나를 붙드소서
>
> 그러하면 내가 범죄자에게 주의 도를 가르치리니

죄인들이 주께 돌아오리이다"(시 51:8-10, 12-13).

다윗의 고백이 죄를 지은 모든 사람들에게 소망이 되기를!

주

1. Peter Johnson, "Greene, a 'Lost Voice,' Awaits Renewal," *USA Today*, March 5, 2003, D4.

2. Martin Luther, as told in C. F. W. Walther, *The Proper Distinction Between Law and Gospel*(St. Louis, MO: Concordia Publishing House, 1986), 108.

3. William G. Justice, *Guilt and Forgiveness*(Grand Rapids, MI: Baker Book House, 1980), 95.

4. 같은 책, 105.

5. C. S. Lewis, *Letters of C. S. Lewis*, ed. W. H. Lewis(New York: Harcourt Brace Jovanovich, 1966), 230.

6. C. H. Spurgeon, "Grace Abounding," *The Spurgeon Archive,* www.spurgeon. org/sermons/0501.htm (accessed September 26, 2003). From a sermon delivered at the Metropolitan Tabernacle, Newington, on March 22, 1863.

7. 「No 데이팅(I Kissed Dating Goodbye)」 © 1997, 2003 by Joshua Harris에서 인용. Multnomah Publishers, Inc.의 허락하에 사용.

8. John Claypool, told to Ken Hyatt, "Freedom Behind Bars," *The Standard*, April 1999, 22-23.

9. Dietrich Bonhoeffer, *The Cost of Discipleship*(New York: Simon & Schuster, 1995). First published in German in 1937.

나는 너를 용서하였다

1쇄 인쇄 / 2005년 7월 30일
1쇄 발행 / 2005년 8월 5일

지은이 / 어윈 루처
옮긴이 / 박혜경
펴낸이 / 양승헌
펴낸곳 / 주)도서출판 디모데 〈파이디온선교회 출판 사역 기관〉

등록 / 2005년 6월 16일 제319-2005-24호
주소 / 서울 동작구 사당동 1045-10
전화 / 영업부 031)908-0872
팩스 / 영업부 031)908-1765
홈페이지 / www.timothybook.com

값 6,000원
ISBN 89-388-1196-4
Copyright © 주)도서출판 디모데 2004 〈Printed in Korea〉